Clic!

Livre de l'étudiant

Renewed Framework

Danièle Bourdais
Sue Finnie

2 Plus

OXFORD
UNIVERSITY PRESS

OXFORD
UNIVERSITY PRESS

Great Clarendon Street, Oxford OX2 6DP

Oxford University Press is a department of the University of Oxford.
It furthers the University's objective of excellence in research,
scholarship, and education by publishing worldwide in

Oxford   New York

Auckland   Cape Town   Dar es Salaam   Hong Kong   Karachi
Kuala Lumpur   Madrid   Melbourne   Mexico City   Nairobi
New Delhi   Shanghai   Taipei   Toronto

With offices in

Argentina   Austria   Brazil   Chile   Czech Republic   France   Greece
Guatemala   Hungary   Italy   Japan   Poland   Portugal   Singapore
South Korea   Switzerland   Thailand   Turkey   Ukraine   Vietnam

Oxford is a registered trade mark of Oxford University Press
in the UK and in certain other countries

© Danièle Bourdais and Sue Finnie 2010

The moral rights of the authors have been asserted

Database right Oxford University Press (maker)

First published 2010

All rights reserved. No part of this publication may be reproduced,
stored in a retrieval system, or transmitted, in any form or by any means,
without the prior permission in writing of Oxford University Press, or as
expressly permitted by law, or under terms agreed with the appropriate
reprographics rights organization. Enquiries concerning reproduction
outside the scope of the above should be sent to the Rights Department,
Oxford University Press, at the address above

You must not circulate this book in any other binding or cover and you must
impose this same condition on any acquirer

British Library Cataloguing in Publication Data

Data available

ISBN: 978 0 19 912790 0

10 9 8 7 6 5 4 3 2 1

Printed in Singapore by KHL Printing Co Pte Ltd

Paper used in the production of this book is a natural, recyclable product made
from wood grown in sustainable forests. The manufacturing process conforms to
the environmental regulations of the country of origin.

Acknowledgements
The authors would like to thank the following people for their help and advice:
Julie Green; Anna Lise Gordon; Sarah Provan; Rachel Sauvain; Marie-Thérèse Bougard; Nicola Lester; Teresa Adams; Pat Dunn; Christine Nicholson (Waseley Hills High School); Keisha Reid (International School and Community College); Audrey Elliott (Castle High School); Tricia Smith (Foxford School and Community Arts College); Ana Goncalves (Hall Green School); Joanne Naik (The King's CE School); Rachel Gill (Stamford High School); Stella Pearson (Our Lady's RC High School); Jane Baily (Wellacre Technology College); Elaine Kay (Altrincham College of Arts); John McStocker (Oulder Hill Community School); Sarah Allen (George Tomlinson School); Sarah Ward (Flixton Girls' High School); Joanne Roberts (Plant Hill Arts College); Helen Dougan (The Hollins Technology College); Becky King (Guildford County School); Alison Orr (Bishop Douglas School); Isabelle Strode (Castle View School); Helen Garcia (St Robert of Newminster School); Mrs J.M. Strong (Newport Free Grammar School); Barbara Thomas (Parmiters School); Robin Spencer (Howard of Effingham School); Claire Woolley (Royston High School); Chris Whittaker (Balby Carr Community School); Barbara Havarty (Crofton School); Ian Brown (The Holy Trinity CE School); Alan Woodhouse (Hamble Community Sports College); Jane Hegedus (Trinity School); Fiona Winstone (Bartholemew School); Tim Bee (Clarendon College); Alice Coupar (St Johns R.C. High School); Christine Buckland (The Thomas Hardie School); Annette Hull (Honiton Community College); Susan Bayliss (Latimer Community Arts College); Colette Thomson; Air-Edel Associates Ltd; Media Production Unit (University of Oxford)

The publishers would like to thank the following for permission to
reproduce photographs:
p6l: Alex Segre/Alamy; p7t: Ace Stock Ltd/Alamy; p7b: Alamy/Jeffrey Blackler; p12(1): Alamy/Jeffrey Blackler; p12(2): Ariadna de Raadt/Shutterstock; p12(3): Robert Estall Photo Agency/Alamy; p12(4): Andre Jenny/Alamy; p12(6): Annebicque Bernard/Corbis Sygma/Corbis; p12(7): Tatiana Markow/Sygma/Corbis; p13: Galina Barskaya/Dreamstime.com; p16(1): Clara/Shutterstock; p16(2): Alvey & Towers Picture Library/Alamy; p16(3): Elena Elisseeva/Dreamstime.com; p16(5): Flynt/Dreamstime.com; p17t Danièle Bourdais; p18l: Manicblue/Dreamstime.com; p18m: Galina Barskaya/Shutterstock;p23: Dan Breckwoldt/Shutterstock; p24b: David Jones/Alamy; p27: Lise Gagne/I-stock; p31l: Cardinale Stephane/Corbis; p34tl: Galina Barskaya/Dreamstime.com; p34tr: World History Archive/Alamy; p34br: PA Photos/EMPICS Sport; p35r: PA Photos/Paul Smith/EMPICS Entertainment; p37: The Print Collector/Alamy; p38: Getty Images; p41: Andy Heyward/Dreamstime.com; p42r: Pedro Jorge Henriques Monteiro/Shutterstock; p42m: Ingrid Balabanova/Dreamstime.com; p43l: PA Photos/Paul Smith/EMPICS Entertainment; p43b: Rex Features/Everett Collection; p48l: Rick Becker-Leckrone/Shutterstock; p48r: Jani Bryson/I-stock; p52t: Mandy Godbehear/Shutterstock; p52b: Kristian Sekulic/Shutterstock; p53tl: Monkey Business Images/Shutterstock; p53tlm: A.Muriot/photocuisine/Corbis; p53trm: Chiya Li/Dreamstime.com; p53tr: Liubov Grigoryeva/Dreamstime.com; p53bl: Ermell/Dreamstime.com; p53blm: Elena Elisseeva/Shutterstock; p53brm: AGITA/Shutterstock; p53br: Monkey Business Images/Dreamstime.com; p54(1): Rex Features; p54(2): PA Photos/AP; p54(3): PA Photos/AP; p54(4): Golkin Andrey/Dreamstime.com; p54(5): PA Photos/Mikhail Metzel/AP; p54(6): PA Photos/ITAR-TASS/AP; p54(7): PA Photos/Misha Japaridze/AP; p55: Getty Images; p58: L.M.V/Shutterstock; p60t: Monkey Business Images/Shutterstock; p60l: Shaun Lowe/I-stock; p60r: Andrea Skjold/Dreamstime.com; p61t: Ferenc Ungor/Dreamstime.com; p66(2): Luminis/Dreamstime.com; p66(3): I-stock; p66(4): Oleksandr Kalyna/Dreamstime.com; p66(5): I-stock; p66(7): Larisa Lofitskaya/Shutterstock; p66(8): ironi/Shutterstock; p66(9): Stephen Strathdee/Shutterstock; p66(10): Shutterstock/Wolfgang Amri; p66(11): Shutterstock/MalibuBooks; p66(12): Elnur/Shutterstock; p67(1): Matt Antonino/Shutterstock; p67(2): Kameel4u/Shutterstock; p67(3): Photodisc/Getty Images; p69: Kathy Hancock/Alamy; p70(b): Color Day Production/Getty Images; p70(d): John Lund/Marc Romanelli/Getty Images; p70(e): Gallo Images - David Bloomer/Getty Images; p71: Yuri Arcurs/Shutterstock; p72(1): Clara/Shutterstock; p72(2): Mark Boulton/Alamy; p72(3): Moviestore Collection/Warner Bros POK002; p72(4): Nina Shannon/I-stock; p72(6): Stefano Bianchetti/Corbis; p72(a): Gravicapa/Shutterstock; p72(b): Monkey Business Images/Shutterstock; p72(d): Nick Stubbs/Dreamstime.com; p72(e): David Davis/Dreamstime.com; p72(f): Mark Hryciw/Dreamstime.com; p73t: Owen Franken/Corbis; p73:l: Ramsey Houck/I-stock; p73:ml: Michael Ledray/Shutterstock; p73mr: Corbis/Hasbro/Handout/Reuters; p73r: Getty Images; p73b: NoirVision/Shutterstock; p78l: imagebroker/Alamy; p78r: Directphoto.org/Alamy; p79l: Jasmin Awad/I-stock; p79r: Andrey Kiselev/Dreamstime.com; p82l: PA Photos/Mark Baker/AP; p82r: Bembaron Jeremy/Corbis; p84: Bongarts/Getty Images; p85(4): Liljaphoto/Dreamstime.com; p85(5): Oleg Filipchuk/Dreamstime.com; p85(6): Rod Ferris/Shutterstock; p85(7): Jack Dagley Photography/Shutterstock; p85(8): Csaba Peterdi/Shutterstock; p85(9): Grosremy/Dreamstime.com; p86m: Andre Nantel/Shutterstock; p87t: Marc Dietrich/Shutterstock; p88: Oleg Kozlov/Dreamstime.com; p89: Yuri Arcurs/Shutterstock; p90t: PA Photos/Charles Krupa/AP; p90l: PA Photos/Mark Baker/AP; p90m: PA Photos/Gouhier Nicolas/ABACA; p90r: Rex Features/Sipa Press; p91: Olga Bogatyrenko/Dreamstime.com; p92: Hixson/Dreamstime.com; p96l: Gelpi/Shutterstock; p96r: Larry St. Pierre/Shutterstock; p96b: Ling Xia/Dreamstime.com; p97: Nick Schlax/I-stock; p99: Ryan McVay/Getty Images; p100: Olga Besnard/Shutterstock; p101: Idealink Photography/Alamy; p102(c):Juan Estey/I-stock; p102(d): Miodrag Gajic/Shutterstock; p102(e): Raycan/Dreamstime.com; p102(f): Darren Baker/Dreamstime.com; p102 (g): lukaszfus/Shutterstock; p102 (i): picturesbyrob/Alamy; p102 (j): Damir Karan/Shutterstock; p103t: Big Stock; p103b: Oleg Prikhodko/I-stock; p104(a): Ejwhite/Dreamstime.com; p104(b): GurganusImages/Dreamstime.com; p104(c): Photoeuphoria/Dreamstime.com; p104(d): Suzanne Tucker/Shutterstock; p105t: Ejwhite/Dreamstime.com; p105:vario images GmbH & Co.KG/Alamy; Adam Korzekwa/I-stock; Vera Bogaerts/Shutterstock; Andrey Armyagov/Shutterstock; Glenn Harper /Alamy; Andrey Armyagov/Shutterstock; Dmitry Sladkov/Dreamstime.com; p107m: ARTPOSE Adam Borkowski/Shutterstock; p108: Elena Elisseeva/Dreamstime.com; p112: AVAVA/Shutterstock; p114l: Monkey Business Images/Shutterstock; p114r: Pétur Ásgeirsson/Shutterstock; p114b: Libby Welch/Alamy; p117l: Dmitriy Shironosov/Shutterstock; p117(a): Robert Fried /Alamy; p117(b): PA Photos/Marco Garcia/AP; p117(c): Dmitriy Shironosov/Dreamstime.com; p117(e): David Jones/Alamy; p119l: paulbourdice/Alamy; p119r Danièle Bourdais; p120(1): Rex Features/Everett Collection; p120(2): Rex Features/c. Pathe/Everett; p120(3): Rex Features/Everett Collection; p120(4): Cinebook Ltd; p121: Moviestore Collection; p122l: World Pictures/Alamy; p122r Andy Cottman; p123l: digitalskillet/I-stock; p123r: Hutchison Picture Library; p125t: PA Photos/Jean Bibard/Panoramic; p125r: Getty Images/AFP; p125l: Rex Features/Sipa Press; p126t: Hamiza Bakirci/Dreamstime.com; p126m: Elena Elisseeva/Dreamstime.com; p126b: Julia Pivovarova/I-stock; p129l: Stephen Horsted/Alamy; p129r: Milena Moiola/Dreamstime.com.

All other photographs provided by Oxford University Press.

Illustrations by:
Adrian Barclay, Mark Draisey, Maya Gavin, John Hallett, Gemma Hastilow, Mike Lacey, Nigel Paige, Sean Parkes, Mike Phillips, Olivier Prime, Pulsar, Simon Tegg, Theresa Tibbetts, Frederique Vayssieres, Laszlo Veres

Bienvenue à Clic! 2

Welcome to *Clic!* where you will

- learn to speak and understand French
- find out interesting facts about France, French-speaking countries and the people who live and work there
- develop strategies to help you with your learning.

Meet Joe, Max and Nina. Join them as they visit Paris (in this book and on the *Clic!* video).

Meet other young French people in the *Clic!* podcasts.

Joe

Max

Nina

Symbols and headings you will find in the book: what do they mean?
Look through the book and find an example of each one.

 Watch the video

 Be careful!

 A quick revision test to check what you have learnt

 A listening activity

 A speaking activity

(B → A) Now swap roles with your partner (in a speaking activity)

 A video activity

 A reading activity

 A writing activity

 A grammar activity

 A skills activity

 A challenge

 Important words or phrases

Labo-langue	Grammar explanations and practice, learning strategies and pronunciation practice
Blog-notes	Activities linked to video blog (in preparation for the checklist in the *En solo* Workbook)
clic.fr	Information about France
Vocabulaire	Unit vocabulary list
On chante!	A song
Lecture	Reading pages
En plus	Reinforcement and extension activities
Grammaire	Grammar reference
Glossaire	Bilingual glossary

Table des matières

Unit	Contexts	Language/Grammar	Learning strategies and pronunciation
Départ Page 6	Introduction to the Clic! vidéo characters; classroom language	Salut! Bienvenue! Voici + name. Il/Elle a... ans. Il/Elle est + nationality. Il/Elle habite à... Classroom language (e.g. C'est quelle page, s'il vous plaît? Je peux avoir..., s'il te plaît? Madame/Monsieur, je n'ai pas fini.)	Key pronunciation points
1 Bienvenue à Paris! Page 10	**Finding out about new places**: describing the neighbourhood; meeting people and knowing what to say; transport; directions	Il y a un/une/des... Il n'y a pas de/d'... + places in town; prepositions; ce/cet/cette/ces Formal and informal language Use of à/en + transport (e.g. en métro, à vélo/pied); modal verbs The imperative; sequencers (d'abord, ensuite puis, pour finir)	Using appropriate language (tu and vous, being polite)
Labo-langue Page 20		Present tense endings of regular and irregular verbs; modal verbs (vouloir, pouvoir, devoir, savoir)	Using a bilingual dictionary
Bien parler Page 24			Silent verb endings
2 Héros, héroïnes Page 28	**Famous people**: describing people; talking about last weekend's activities; the achievements of famous people; a period of history	Masculine/Feminine job titles; adjective agreement and position; assez, très; linking words (et, mais, ou, alors, parce que); relative pronouns (qui, que) The perfect tense with avoir Dates (en mille neuf cent quarante)	Rising intonation in questions Conversation tips, e.g. hesitating (euh...)
Labo-langue Page 38		The perfect tense with avoir: past participles of regular -er, -ir and -re verbs; common irregular past participles (e.g. eu, été, fait, vu, écrit); negatives in the perfect tense	Improving what you say: tips to help with speaking
Bien parler Page 42			eu, ou and u sounds
3 Toujours plus loin! Page 46	**Visiting places of interest**: describing a day out; a visit to a French theme park; past holidays; the history of space travel	The perfect tense with être Using a range of perfect tense verbs (with both avoir and être) Opinions (e.g. je (ne) me suis (pas) amusé(e), c'était amusant/drôle/ennuyeux); adverbs (très, vraiment, extrêmement) Numbers, months, dates, the alphabet; à, en, au/aux + towns/countries/continents	Words that have different meanings in different contexts
Labo-langue Page 56		The perfect tense with être: verbs of movement, reflexive verbs; agreement of the past participle; reflexive verbs and negatives in the perfect tense	Reading strategies
Bien parler Page 60			Intonation

Unit	Contexts	Language/Grammar	Learning strategies and pronunciation
4 Planète mode! Page 64	**Clothes and fashion**: opinions of clothes, colours and styles; shopping for clothes; childhood crazes	Clothes, colours, adjective agreement; opinions (e.g. La classe! C'est l'horreur!); Le style que j'aime, c'est…, En général, je mets…, Ma tenue/marque préférée, c'est…; ce qui, ce que Shopping dialogues; direct object pronouns The imperfect tense (j'avais/aimais/étais, il/elle avait/aimait/était, c'était)	
Labo-langue Page 74		Gender and how it affects words: nouns; determiners and adjectives; past participle agreement; direct object pronouns; prepositions	Learning the gender of new words; using grammar to work out gender
Bien parler Page 78			The French r sound
5 Jeunes champions Page 82	**Sport and a healthy lifestyle**: parts of the body; sports and how often/when you do them; daily routine and healthy lifestyle; profile of a French sports champion	Parts of the body; noun plurals Je joue au/à la…, Je fais du/de la/de l'…, J'aimerais jouer/faire…; je peux (I can/am allowed to), je sais (I can/know how to); time and frequency expressions Reflexive verbs; aller + infinitive; using different tenses (Il/Elle est… Il/Elle a gagné… Il/Elle va devenir…)	
Labo-langue Page 92		Negatives: ne… pas/rien/jamais/personne; negatives with reflexive verbs, verb + infinitive, and the perfect tense; use of de/d' after a negative	Different ways to ask questions
Bien parler Page 96			Tricky sounds: ch, qu, th, ion
6 Entre copains Page 100	**Free time with friends**: leisure activities; pocket money and spending; relationships with friends; organising an event	Leisure activities; frequency expressions Indirect object pronouns; the pronoun en; emphatic pronouns Using different tenses (e.g. Nous allons organiser…, On peut préparer…, Nous avons fabriqué…, Il y avait…, C'était…)	Sentence building: adjectives, adverbs, pronouns, linking words
Labo-langue Page 110		Pronouns: subject pronouns; direct and indirect object pronouns; emphatic pronouns; reflexive pronouns; the pronoun en; relative pronouns *qui* and *que*	Improving written work
Bien parler Page 114			Liaisons

cinq 5

Départ

- Personal details, greetings

In Clic 2, there is a new video at the start of each unit. It takes you to Paris where you will meet young French people and find out what it is like to be a teenager in the French capital!

Voici Joe Samson. Il a 15 ans. Il est anglais et il habite à Londres. Aujourd'hui, Joe va à Paris chez son correspondant.

Londres

Voici Max Lantier, le correspondant de Joe. Il a 16 ans. Il est français et il habite à Paris.

0.1

1 Regarde le clip. Observe et choisis 'a' ou 'b'.

1 Joe a quels papiers?
   a un billet d'Eurostar
   b un billet et un passeport

2 De quelles couleurs est l'Eurostar?
   a blanc et rouge
   b blanc et orange

3 Le train pour Paris est à…
   a 11 h 59.
   b 12 h 30.

4 Le train part du quai…
   a numéro 8.
   b numéro 9.

5 Max est content de voir Joe. Il dit…
   a Salut!
   b Bienvenue!

6 La gare à Paris s'appelle…
   a la Gare du Nord.
   b la Gare du Port.

2 Tu entends ces phrases dans quel ordre? Qui parle? C'est quoi en anglais?

a Bon voyage!

d Tu as fait bon voyage?

b Ça va?

e On y va!

c Votre ticket, s'il vous plaît!

f Ça va bien. Et toi?

Joe voyage en Eurostar.
Le voyage Londres–Paris dure 2 heures 15.
La vitesse? Plus de 300 kilomètres à l'heure!

Et voici Nina Batesti. C'est une copine de Max. Elle a 15 ans, elle est française et elle aussi habite à Paris.

SNCF
C'est la Société Nationale des Chemins de Fer français.

Visit

sept 7

Départ — En classe

• Classroom language, pronunciation

a C'est quelle page, s'il vous plaît?
b Je peux avoir un stylo, s'il te plaît?
c Madame / Monsieur, je n'ai pas fini!
d Vous pouvez répéter, s'il vous plaît?
e Je suis désolée. J'ai oublié mon livre.

1 Lis et écoute. Tu entends les bulles a–e dans quel ordre?

Exemple *1* = **e**

2 Relie l'anglais (à droite) et le français.

Exemple **a** = **2**

1 Could you repeat that, please?
2 Which page is it, please?
3 I'm sorry, I've forgotten my book.
4 Could I have a pen, please?
5 I haven't finished.

3 Dis les phrases 1–5 en français. Ne regarde pas les bulles!

4a Relie et fais d'autres phrases.

Exemple *C'est quel... exercice, s'il vous plaît?*

4b Écoute et vérifie.

5 Invente d'autres phrases et complète a–f.

Exemple *a C'est quel mot?*

a C'est quel…   compris.
b C'est quoi…   exercice, s'il vous plaît?
c Je peux avoir…   m'aider, s'il vous plaît?
d Je n'ai pas…   en anglais?
e Je suis désolé(e), j'ai oublié…   mes devoirs.
f Vous pouvez…   une gomme, s'il te plaît?

8 huit

Sound French! 0.2

A Vowels

 1 French vowels are short and simple. Listen and repeat the vowels in this rhyme.

Salade de fruits cuits, salade de fruits crus
a e i o u
a a a ananas
e e e cerise
i i i kiwi
o o o abricot
u u u prune
a e i o u
Salade de fruits cuits, salade de fruits crus!

 2 Say this line by famous French poet, Jacques Prévert.

La pipe au papa du Pape Pie pue.

B Accents

 3 Accents on 'e' change the way it sounds. Listen and repeat.

e – petit   é – bébé
è – père   ê – fête   ë – Noël

Vive la fête du petit bébé,
Vive la fête du Père Noël!

C Vowel + vowel

 4 Vowels together make up new sounds. Listen and repeat the rhymes.

au/eau = o   ai/ei = è   eu; œu = e
oi   ou   oui   ui

Louis le coucou est sous un chou.
C'est rigolo!
La nuit, les étoiles sont sur les toits.
C'est haut, c'est beau!

D Vowel + consonants

 5 Vowels combine with 'n' or 'm' to make new sounds.

an = am = en = em
on = om
in = ain = aim = in
un = um

J'ai faim, j'ai faim!
Mange du jambon avec du pain.
J'ai soif, j'ai soif!
Prends un grand verre de jus de raisin.

E Consonants

 6 Consonants sound similar in French and English, but there are a few differences.

c = k [but c = s (before e/i) and ç = s (before a, o, u)]
ch = sh (not tch)
g = g [but g = j before e, i]
gn = ny
h = always silent
j = j (not dj)
qu = k (not kw)
s = s [but s = z when between vowels]
th = t

 «Garçon! Un paquet de chips, un jus d'orange, un thé au citron et un coca-cola avec des glaçons!»

Grand Méchant Cochon Rose est rosse!
Il casse la maison des trois petits loups.
«Quelle horreur, quelle honte»,
disent les loups.
«Hourrah, je suis heureux!», dit le cochon.

F Final consonants

 7 Final consonants are usually silent, but there are exceptions.

c, k, q
r (except for words ending in -er/-ier)
f
l (except for words ending in -eil/-ail)

C'est un cheval avec un anorak et un sac Coq Sportif.

neuf 9

Bienvenue

Le plan de Paris est comme un escargot*!
La ville est divisée en 20 arrondissements.

*snail

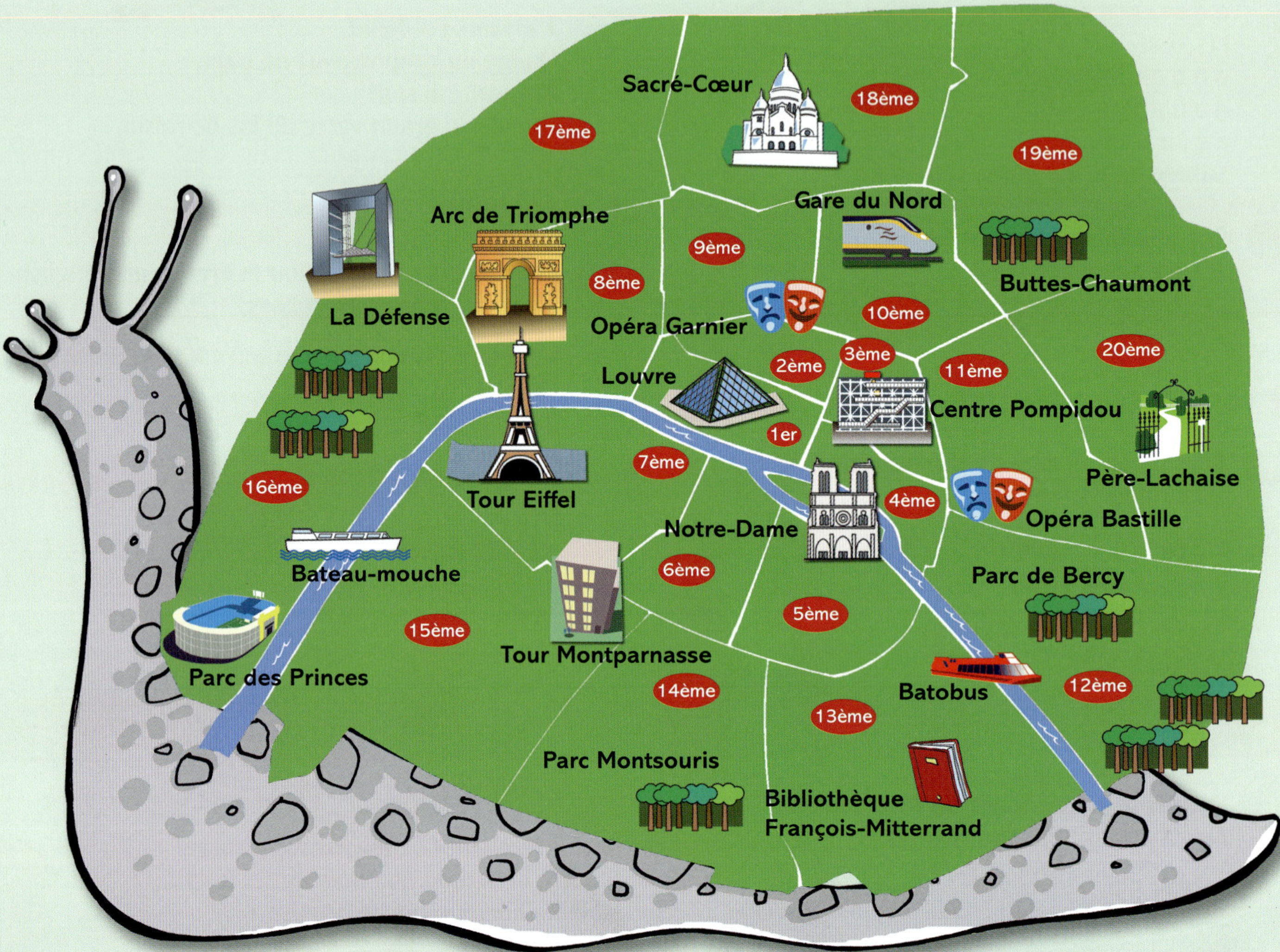

Sacré-Cœur
18ème
17ème
19ème
Arc de Triomphe
Gare du Nord
9ème
Buttes-Chaumont
8ème
La Défense
Opéra Garnier
10ème
3ème
2ème
Louvre
11ème
20ème
Centre Pompidou
1er
7ème
Père-Lachaise
16ème
Tour Eiffel
4ème
Opéra Bastille
Notre-Dame
Bateau-mouche
6ème
Parc de Bercy
5ème
15ème
Parc des Princes
Tour Montparnasse
Batobus
12ème
14ème
13ème
Parc Montsouris
Bibliothèque
François-Mitterrand

2me ARR.
RUE
MONTORGUEIL
76

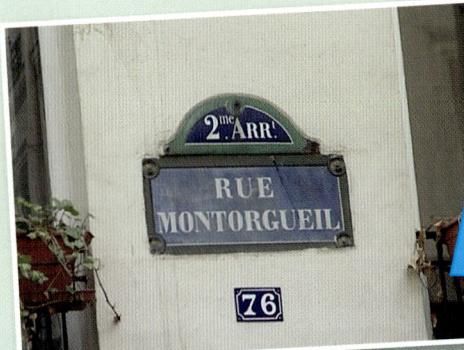

Max habite au centre de Paris, rue Montorgueil, dans le 2ème arrondissement.
Le quartier Montorgueil, c'est un peu comme un village dans Paris.
Il y a beaucoup de petits magasins.

à Paris! 1

Context:
Finding out about new places

Grammar focus:
Modal verbs

1 Regarde les photos des magasins. C'est quoi en anglais? Tu connais le nom d'autres magasins?

2 Fais un collage sur ta ville ou ton quartier. Écris des informations.

Visit Clic! OxBox

onze 11

1.1 Mon quartier

● My neighbourhood

1a Regarde le clip. Max présente le quartier à Joe. Quels endroits vois-tu (photos 1–8)?

1b Relie.

Exemple 1c

2a Regarde encore. Quels autres endroits vois-tu?
Which other places do you see in the video?

2b Continue la liste a–h. Cherche les noms français dans un dictionnaire.

Exemple *a post office = une poste*

3 À deux: faites des phrases sur votre quartier!

Exemple *Il y a une pharmacie mais il n'y a pas de magasin de sport.*

a une boulangerie
b une pharmacie
c un supermarché
d un bar-tabac
e un magasin de sport
f un kiosque
g une pizzeria
h un arrêt de bus

There is / there are...
= Il y a un / une / des...
There isn't / there aren't any...
= Il n'y a pas de / d'...

12 douze

Visit clic!

Mon quartier 1.1

« ma rue, , il y a un supermarché. supermarché, il y a une très bonne boulangerie. Les croissants sont super dans cette boulangerie! Il y a aussi deux petits bars. Le soir, il y a de la musique live, c'est sympa. la boulangerie, il y a un kiosque à journaux. rue, kiosque, il y a un arrêt de bus.  l'arrêt de bus, il y a une pizzeria sympa. 8 la pizzeria et la pharmacie, il y a un magasin de sport génial. C'est mon magasin préféré!»

Alicia

4a Alicia parle de son quartier. Lis et complète avec les prépositions.

4b Écoute et vérifie.

5 À deux: A regarde la rue d'Alicia pendant une minute. A décrit la rue de mémoire. B vérifie. (B→A)

Exemple A *À côté du supermarché, il y a une pizzeria.*
         B *Non, la pizzeria est derrière le magasin de sport.*

6a Qu'est-ce qu'il y a dans ta rue idéale? Dessine le plan et écris les noms.

6b À deux: A pose des questions sur la rue idéale de B. B répond *oui / non*. A dessine le plan. Comparez! (B→A)

Exemple A *Il y a une boulangerie?*   B *Oui.*
         A *À droite?*   B *Non.*

Prepositions
à droite / à gauche (du / de la / des)
dans
entre
devant
derrière
à côté / en face (du / de la / des)
de l'autre côté (du / de la / des)

7 Écris un mini-guide de ta rue / ton quartier pour des visiteurs français.
Utilise: – le texte d'Alicia comme modèle
          – 6-7 prépositions

Visit Clic! OxBox

treize 13

1.2 Bonjour, messieurs-dames!

• Knowing what to say

1 **Regarde le clip. Réponds en anglais.**

a How does Max greet the lady in the street?
b What does Max tell Joe to say when asking for bus tickets?
c What does Joe say to the man in the shop?
d What does Max say and do when meeting his friend?

2a **Relie: deux expressions en français (a–h) pour une en anglais (1–4).**

Exemple **1** = **f**, **h**

1 Please!   3 Excuse me!
2 Bless you!   4 You're welcome!

a Excuse-moi! e Excusez-moi!
b Je vous en prie! f S'il vous plaît.
c À vos souhaits! g À tes souhaits!
d De rien! h S'il te plaît.

2b **À deux: que dit Mario?**
Choose formal or informal phrases (a–h) for Mario's bubbles.

3 **Écoute. Complète avec une expression (a–h) après le signal.**

Be polite! Top tips

- Address adults as **Monsieur**, **Madame** or **Mademoiselle**.
  Add the family name if you know it: **Bonjour**, **Madame Jantier**.
- Address a friend, a child or someone your own age with **tu** and adults (unless you know them very well) with **vous**.
- Remember to use formal/informal language according to who you're speaking to, e.g. to a friend, say **Salut!** but to an adult, say **Bonjour**; say **je voudrais**, not **je veux**.

14 quatorze

Bonjour, messieurs-dames! 1.2

Tu connais les bonnes manières?

Fais le jeu-test!
Lis la situation et choisis ta réponse: a, b ou c.

Tu passes une semaine en France. Tu vas chez M. et Mme Garnier, les parents de ton ami français.

1 Tu vois Monsieur Garnier pour la première fois à la gare*. Tu dis:
*at the railway station

a Salut, monsieur.
b Salut, Monsieur Garnier!
c Bonjour, monsieur!

2 À la maison, Madame Garnier demande: «Tu veux un jus de fruit?» Tu réponds:

a Oui.
b Oui, s'il te plaît.
c Oui, s'il vous plaît.

3 Ton ami et toi, vous allez en ville et vous mangez au café. Le serveur demande: «Vous désirez?» Tu dis:

a Je voudrais un sandwich, s'il vous plaît.
b Je veux un sandwich, s'il te plaît.
c Un sandwich.

4 Tu fais la vaisselle* avec M. et Mme Garnier. Ils disent: «Nous te remercions!» Tu dis:
*the washing-up

a Bof!
b Je vous en prie!
c Excusez-moi!

5 Au cinéma, ton ami dit: «J'achète du pop-corn si tu veux!» Tu réponds:

a Non.
b Je vous remercie.
c Oui, merci, c'est sympa.

6 Le jour du départ, M. et Mme Garnier t'accompagnent* à la gare. Ils disent: «Bon voyage». Tu dis:
*take you to

a Salut!
b Salut, Monsieur et Madame Garnier!
c Merci et au revoir!

 4 Lis et fais le jeu-test.

 5 Écoute et vérifie.

 6 **Grammaire: les verbes au présent**
Find the endings for regular -*er* verbs in the quiz.

Example *tu... -es (tu passes)*

je = ✳✳✳   nous = ✳✳✳
tu = ✳✳✳   vous = ✳✳✳
il/elle/on = ✳✳✳   ils/elles = ✳✳✳

Bonnes réponses: 0–3 = Pas super! Révise les bonnes manières! 4+ = Tu connais les bonnes manières, bravo!

quinze 15

1.3 On prend le bus?

• Transport

Visitez PARIS...

1a Relie les photos 1–6 et a–f (à droite).

a	en bus
b	en métro
c	en bateau
d	en taxi
e	à vélo
f	à pied

1b Écoute et vérifie.

2a Ajoute d'autres transports à la liste. Utilise un dictionnaire (voir page 21). Fais deux listes: écolo / pas écolo.

Exemple écolo: en train,
pas écolo: en voiture, à moto,...

en + most means of transport where you sit inside
à + on foot and on two wheels

2b À deux: faites un jeu de mémoire. Qui gagne?

Exemple A *En bus.*
B *En bus et en métro.*
A *En bus, en métro et à moto,* etc.

Tu vas Vous allez	comment	au	centre-ville / bureau...?
		à	la Tour Eiffel / Paris...?
Je vais	au	bureau	en	bus / métro...
		collège	à	vélo...

3a Écoute le sondage. Note les transports.

3b À deux: questions-réponses sur votre ville (1 + 2 ou 1 + 3). (B→A)
A (1) Tu vas comment *[au centre-ville]*?
B (2) Je vais *[au centre-ville]* en bus
ou (3) Pour aller *[au centre-ville]*, je prends le bus.

seize

On prend le bus? 1.3

Rick est à Paris, chez son ami français Sam.

Rick: Je <u>peux</u> aller à la tour Eiffel à pied?
Sam: Euh, non, c'est trop loin.
Rick: Je <u>dois</u> prendre le métro?
Sam: Non, tu <u>peux</u> prendre un vélib' si tu <u>veux</u>!
Rick: Un vélib'? Oui, je <u>veux</u> bien!
Sam: Tu <u>sais</u> comment faire?
Rick: Euh… non, je ne <u>sais</u> pas!

> **vé**lo + **lib**re-service → **vélib'**
> = self-service rented bike

 4 Listen and read the conversation. Answer the questions in English.
 a Where does Rick want to go? How?
 b Is it possible? Why?
 c What does Sam propose?
 d what is the problem for Rick?

 5 **Grammaire:** traduis les verbes soulignés en anglais.

 6a Lis. Complète avec les verbes: *dois, peux, veux, sais*.
Exemple **1** = *dois*

Grammaire

Modal verbs
Four very useful verbs:
vouloir = what you want to do
pouvoir = what you can do
savoir = what you know how to do
devoir* = what you have to do
See Grammaire, pages 138–139.

Visite Paris à vélib'! Pour utiliser le vélib':

Tu ⭐1 avoir 14 ans et mesurer plus d'1,50 m*.   *to be more than 1.5 m tall

Tu ⭐2 acheter une carte (un euro pour une journée).

Tu ⭐3 acheter la carte sur Internet, dans les tabacs ou boulangeries.

Tu ⭐4 ramener* le vélo à une station: avant 30 mn et c'est gratuit* (après il faut payer).   *to bring back / free

Si tu ⭐5 , tu ⭐6 prendre un autre vélo (pour 30 autres minutes gratuites).

Tu ⭐7 ramener le vélo à n'importe quelle* station.   *any

Tu ne ⭐8 pas où sont les stations? Regarde le plan sur Internet!

 6b Écoute et vérifie.

 7 Écoute et réponds aux jeunes.
Exemple **1** = *J'ai 12 ans. Je peux prendre un vélib'?*
 Non, tu ne peux pas. Tu dois avoir 14 ans.

dix-sept 17

1.4 C'est par où?

• Directions

Participe au grand jeu du Village au trésor!

Découvre les concurrents!

Omar

Lisa

Ton nom!

Découvre le Village au trésor! Fais les missions, trouve le trésor et gagne le jeu!

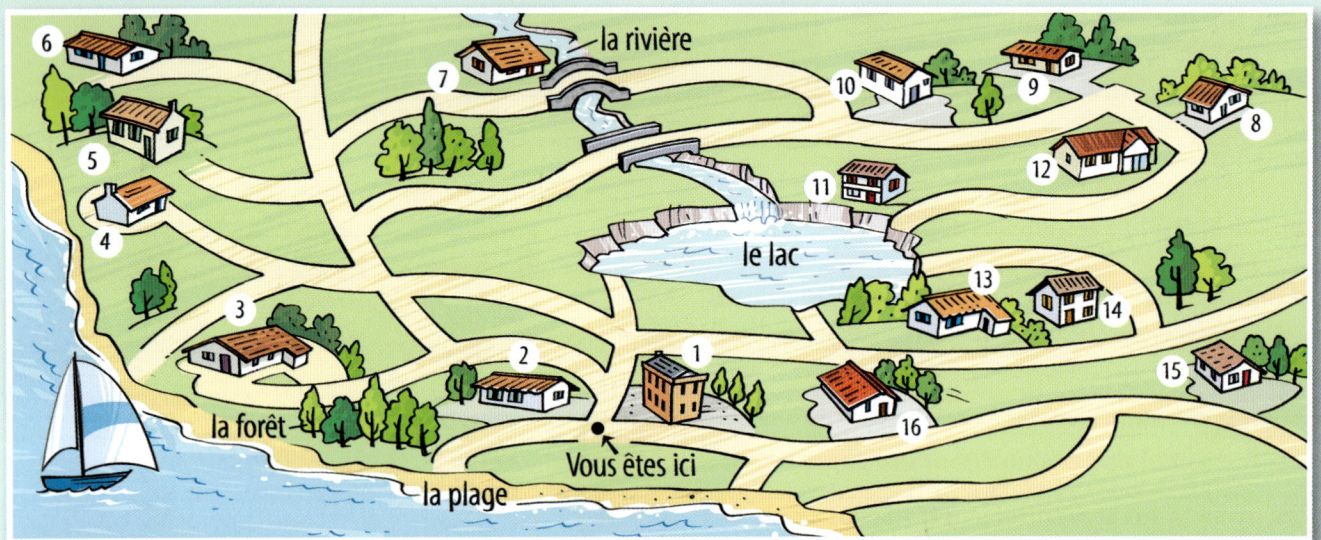

MISSION 1

 1b Relie 1–7 et a–g.

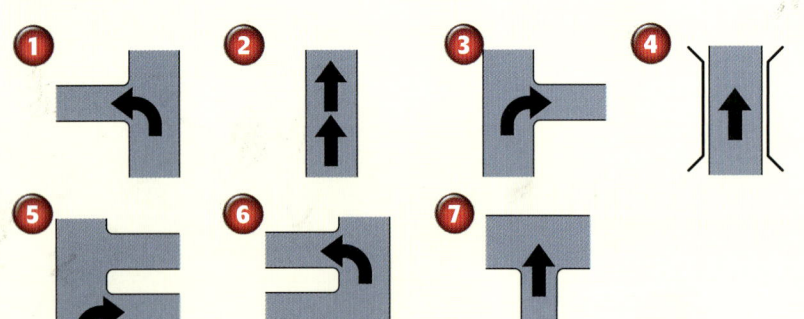

a tournez à gauche
b tournez à droite
c traversez (le pont)
d allez tout droit
e allez jusqu'au bout de la rue
f prenez la première (rue) à droite
g prenez la deuxième (rue) à gauche

 1b Écoute et vérifie. Moins de 6? Recommence la Mission 1! Tu as au moins six bonnes réponses? Fais la Mission 2.

18 dix-huit

C'est par où? 1.4

MISSION 3

 2a Lis l'indice. Écoute et suis sur le plan. Qui trouve la boulangerie? Lisa? Omar? Toi?
Read the clue. Listen and follow the route on the map. Who finds the baker's? What happens to the other competitor?

 2b Réécoute et écris les questions d'Omar et de Lisa (avec les mots de la boîte).

 3a Écoute. Recopie et complète les notes. Le bar, c'est quel numéro?

D'abord, allez...
Puis... prenez...
Ensuite... tournez..., prenez...,
  traversez..., continuez...,
  allez..., tournez...
Pour finir,... Le bar est...

> **Indice**
> «Vous êtes ici!» = c'est le départ.
> Pour trouver le trésor? Additionnez le numéro de la boulangerie et le numéro du bar.

> **Pardon / Excusez-moi, monsieur / madame...**
> ...pour aller **à la boulangerie / au bar**..., s'il vous plaît?

 3b Où est le trésor? Écoute. Qui gagne le jeu, Omar ou toi?

---

 4 À deux: A choisit où sont la pharmacie et le magasin de sport sur le plan (page 18). B suit les instructions. (B→A: la poste / le supermarché).
A decides where the chemist's and the shop are. B asks and follows A's instructions to find them on the map. Start on the arrow.

Exemple **B** *Pour aller à la pharmacie, s'il te plaît?*
 A *Alors, va jusqu'au lac, prends un bateau, traverse le lac, ...*

 5 À deux: A choisit une destination secrète. B pose des questions pour deviner (B→A).
A chooses a secret destination and writes it down. B asks questions to work out where to go. A answers yes or no. Decide on a starting point.

Exemple **A** *Commence entre les numéros 1 et 2.*
 B *Je vais tout droit?*
 A *Non.*
 B *Je tourne à droite?*
 A *Oui, tourne à droite.* Etc.

Grammaire

Use an imperative for an instruction / order
- regular *-er* verbs:

tu	vous
Tour**ne**	Tourn**ez**
Va	All**ez**
Prend**s**	Pren**ez**
(no –s unlike the present tense)	(same form as the present tense)

- other verbs: same form as the present tense:
  Prends!   *Prenez!*

dix-neuf 19

1.5 Labo-langue

Bien comprendre *Present tense endings + modal verbs*

Typical French verb endings

1 Look at the verbs in the box. Copy and fill in the present tense ending for each subject pronoun.

Example   Je   ***e   ***s   ***x

Je	***?	***?	***?
Tu	***?	***?	***?
Il / Elle / On	***?	***?	***?
Nous	***?		
Vous	***?		
Ils / Elles	***?	***?	

> J'<u>aime</u> le quartier.   Nous <u>prenons</u> le bus.
> Elles <u>parlent</u> beaucoup.   Je <u>finis</u> mes devoirs.
> On <u>fait</u> du sport.   Vous <u>tournez</u> ici.   Elle <u>adore</u> ça!
> Tu <u>dois</u> partir?   Il <u>prend</u> le bus.
> Tu <u>peux</u> rester.   Ils <u>font</u> la vaisselle.
> Je <u>veux</u> jouer.   Tu <u>aimes</u> ça?

2 Fill in the subject pronouns (*je, tu,* etc.) in these sentences. Write all the possibilities.
Example **1** = *Je / Il / Elle / On*

1 [?] déteste prendre le bus.
2 [?] sortez ce soir?
3 [?] achètent du pop-corn au cinéma.
4 [?] aides à la maison?
5 [?] passons à la boulangerie tous les matins.
6 [?] prend le bus ou le métro?
7 [?] veux sortir mais [?] ne peux pas.
8 [?] font des crêpes.
9 [?] ne veut pas manger.
10 [?] prends le bus parce que [?] ne sais pas faire de vélo.

> Learn some irregular verbs by heart!
> **avoir   être   aller   faire**
> See pages 137–139.

Modal verbs: *pouvoir / devoir / vouloir / savoir*

> Use a modal verb + infinitive when you want to say:
> **a** what you can / can't do
> **b** what you want / don't want to do
> **c** what you have to do or don't have to do
> **d** what you know or don't know how to do

3a Select the sentences with a modal verb (1–8) and match to each definition (a–d).

3b Translate each sentence into English. After a while, retranslate them into French and check against the originals.

1 Je vais faire des gâteaux.
2 Je ne veux pas faire de gâteaux.
3 Tu aimes prendre le bus?
4 Tu dois prendre le bus?
5 On ne peut pas aller au cinéma.
6 On adore aller au cinéma.
7 Elle va faire du vélo.
8 Elle ne sait pas faire de vélo.

4a WRITING **Copy and complete the grid. Use the patterns you know to work out the missing forms!**

	pouvoir	vouloir	devoir	savoir
je	peux	[1]	dois	[2]
tu	[3]	veux	[4]	[5]
il / elle	[6]	[7]	[8]	sait
nous	pouvons	[9]	devons	[10]
vous	[11]	voulez	[12]	savez
ils / elles	peuvent	[13]	doivent	[14]

4b WRITING **Fill in the correct form of *pouvoir* / *devoir* / *vouloir* / *savoir*.**

Example **1** – **p***euvent*

1 – Max et Nina **p**** sortir ce soir?
– Non, ils **d**** faire leurs devoirs.

2 – Vous **s**** parler japonais?
– Non, nous **s**** juste dire bonjour!

3 – On **p**** aller en ville à pied?
– Non, mais vous **p**** prendre un vélo.

4 – Vous **v**** manger au café?
– Non, merci, nous ne **p**** pas.

4c WRITING **In pairs, put the words in the right order.**

1 ticket peux Je un acheter ici?
2 Ils bus prendre veulent le.
3 parler Je Nina dois à.
4 Tu crêpes des sais faire?
5 peux Je aider vous?
6 Elle sait ne français pas parler.
7 Je devoirs faire dois mes.
8 Ils veulent ne cinéma au pas aller.

Bien apprendre *Using a dictionary*

When using a bilingual dictionary, remember to check that the words you find are the right ones! Firstly, is the word a noun, a verb, an adjective, etc.? Use the context as a clue.

1 READING **Select the correct words to translate the sentences. Check with your French–English dictionary.**

Example **1** I want to act in the play.
Je veux jouer dans la pièce.

act *noun* ▷ see **act** *verb*
un **acte** *masc*
to act *verb* ▷ see **act** *noun*
1 (*in plays, films*) **jouer** [1]
He acts in the Bond films. Il joue dans les films de James Bond.
2 (*to take action*) **agir** [2]
They acted quickly. Ils ont agi rapidement.
acting *noun*
le **jeu** *masc*
She wants to go into acting. Elle veut devenir actrice.
The acting was terrible. Les acteurs jouaient très mal.
action *noun*
une **action** *fem*
· **action replay** le replay

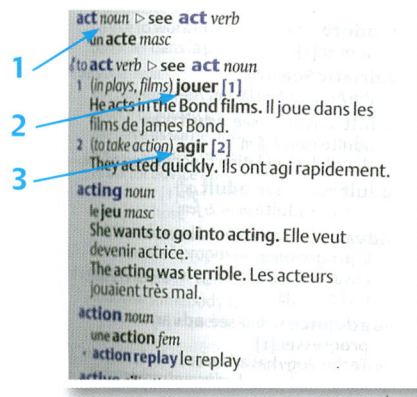

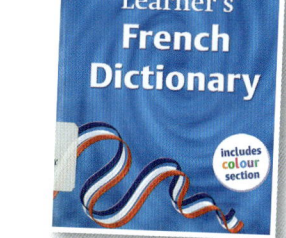

2 There are two rooms (a) in the flat (b).
a deux pièces / deux chambres
b plat / l'appartement

3 Would you like ice (a) in your drink (b)?
a du verglas / des glaçons
b boire / boisson

4 On fait un tour (a) dans le quartier (b)?
a tower / walk
b quarters / neighbourhood

5 Il faut une pêche (a) mûre (b).
a peach / fishing
b mature / ripe

1.6 En plus — À table

Les manières de table en France
Qu'est-ce qu'on doit faire? Qu'est-ce qu'on ne doit pas faire? Fais le jeu-test!

On doit ou on ne doit pas...

1 ...mettre les mains sur les genoux.
2 ...mettre les mains sur la table.
3 ...mettre les coudes sur la table.
4 ...mettre sa serviette sur les genoux.
5 ...mettre sa serviette au cou.
6 ...mettre sa serviette sur la table à la fin du repas.
7 ...prendre sa fourchette avec la main gauche et son couteau avec la main droite.
8 ...mettre son couteau dans la bouche.
9 ...mettre son pain sur la table.
10 ...manger des frites avec les doigts.
11 ...manger du poulet avec une fourchette et un couteau.
12 ...manger des fruits avec une fourchette et un couteau.

1 Lis 1–20. Cherche les mots nouveaux dans le dictionnaire. Lis les conseils page 21.

Exemple *a serviette = napkin (not towel)*

2 Relis. Ajoute *On doit / On ne doit pas...* Retourne la page et vérifie.

Exemple *1 On ne doit pas mettre les mains sur les genoux.*

On ne doit pas... : 1, 3, 5, 8, 10

22 vingt-deux

Clic s'amuse! 1.6

Écoute et chante!

Un kilomètre à pied

Un kilomètre à pied, ça use*, ça use   *it wears out
Un kilomètre à pied, ça use   *an old-fashioned
les souliers*!   word for shoes
Deux kilomètres à pied, ça use, ça use
Deux kilomètres à pied, ça use les souliers!
Trois...

«86 kilomètres à pied, ça use, ça use...»

Proverbes

Relie le français et l'anglais.

1 Quand on veut, on peut!
2 On promet comme on veut, on tient comme on peut.
3 Savoir, c'est pouvoir.

a Promises are like pie crust, made to be broken.
b Knowledge is power.
c Where there's a will, there's a way!

Casse-tête

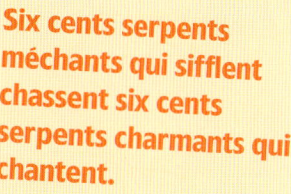

Ce bus français roule à droite ou à gauche?

Virelangue

Dis vite, très vite!

C'est trop tard pour le tram trente-trois!

Six cents serpents méchants qui sifflent chassent six cents serpents charmants qui chantent.

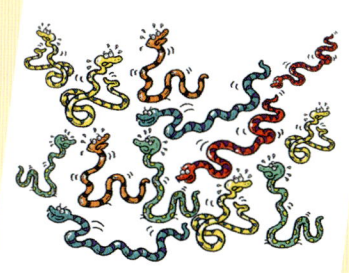

Réponses page 147.

vingt-trois 23

1.7 Clic podcast

Rencontre avec... Olenka

Olenka

 1 Écoute le podcast. Complète les réponses d'Olenka.

1 **Tu es de quelle nationalité?**
   Je suis... [française? polonaise?]
2 **Tu parles quelles langues?**
   Je parle... [français? polonais?]
3 **Tu as quel âge?**
   J'ai... ans.
4 **Tu habites où?**
   J'habite à...
5 **Où est la station de métro ou l'arrêt de bus de ton quartier?**
   C'est...
6 **Tu vas comment au collège en général?**
   En général, je vais au collège...
7 **Comment tu vas en ville?**
   Pour aller en ville, je...
8 **Qu'est-ce qu'il y a dans ton quartier?**
   Il y a... Par contre, il n'y a pas de...

 2 À toi de répondre aux questions!

 3 À deux: préparez un podcast. Utilisez les questions 1–8.

Parc des Buttes-Chaumont, Paris, 19ème

Bien parler *Silent verb endings: -e/-es/-s/-d/-ds/-t/-ts/-x/-ent*

 1a Read and listen to the rap. What do you notice about the verbs?

> J'aime... tu aimes... il aime,
> elle aime, on aime... aller à Angoulême.
>
> Je veux... tu veux... il veut,
> elle veut, on veut.... aller à Dreux.
>
> Je dois.... tu dois... il doit,
> elle doit, on doit... aller à Blois.
>
> Je prends... tu prends.... il prend,
> elle prend, on prend... le train pour Caen.

 1b Say the rap aloud!

 2 Listen and read. What do you notice about the -*ent* sound?
a Mes par**ent**s parl**ent**.
b Ils rang**ent** mon arg**ent**.
c Je suis cont**ent** quand ils me cont**ent** des histoires.

 3a Read out these silly sentences. Be careful! Which -*ent* sounds must be silent?
a Les serp**ent**s serpent**ent**.
b Les présid**ent**s présid**ent**.
c Ils aim**ent** vraim**ent** le from**ent**.
d Les serg**ent**s néglig**ent** l'ag**ent** néglig**ent**.

 3b Listen to check.

24 vingt-quatre

TEST   Tu sais tout?   1.7

1 Écoute!
Listen to the directions to the school and list the pictures in the correct order.

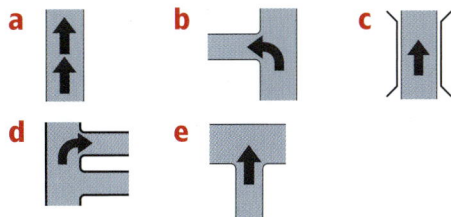

2 Lis!
Read and work out where each shop is.

Exemple **1** = *la poste*

> Alors, la poste, c'est le premier magasin à gauche. Après la poste, toujours à gauche, il y a un bar. En face du bar, il y a un arrêt de bus. Derrière l'arrêt de bus, il y a un magasin de sport. Entre le magasin de sport et la boulangerie, il y a une pharmacie. Le kiosque est à droite du magasin de sport, devant le restaurant, en face du supermarché. À côté du supermarché, il y a un café.

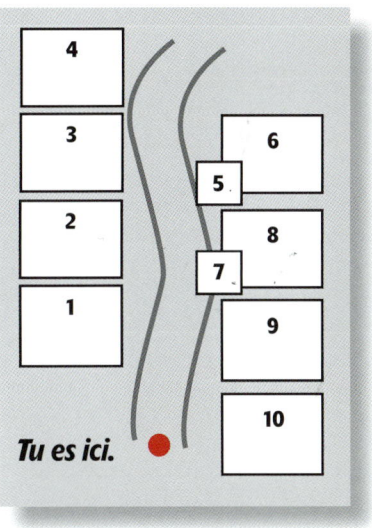

3 Parle!
Here are some typical weekend activities. Say at least six things about yourself. Use a–e.

Exemple *Le week-end, je dois faire mes devoirs...*

a what you have to do
b what you'd like to do
c what you don't want to do
d what you can do
e what you can't do!

> faire mes devoirs • sortir le soir • faire du sport jouer au football • regarder la télé jouer sur l'ordinateur • ranger ma chambre aider à la maison • aller au cinéma

4 Écris!
Give five details about the area where you live.

Exemple *J'habite à Manchester.*

1 where you live
2 what's on your street
3 where your favourite shop / cinema is.
4 what means of transport there are
5 how you go to school

vingt-cinq 25

1.8 Vocabulaire

Mon quartier	*Where I live*
Là, c'est un / une…	*That's a…*
Il y a un / une / des…?	*Is there a… / Are there any…?*
il y a un / une / des…	*there is a… / there are…*
il n'y a pas de…	*there's no / there are no…*
une boulangerie	*a baker's*
un supermarché	*a supermarket*
une pharmacie	*a chemist*
une pizzeria	*a pizzeria*
un bar-tabac	*a bar which sells stamps and tobacco*
un magasin de sport	*a sports shop*
un kiosque	*a newspaper stand*
un arrêt de bus	*a bus stop*
une poste	*a post office*
une gare	*a railway station*
un café	*a café*

Où?	*Where?*
à droite (du / de la / des)	*on the right (of)*
à gauche (du / de la / des)	*on the left (of)*
dans	*in*
entre	*between*
devant	*in front of*
derrière	*behind*
à côté (du / de la / des)	*next to*
en face (du / de la / des)	*opposite*
de l'autre côté (du / de la / des)	*on the other side (of)*

Pour être poli	*To be polite*
Salut!	*Hi / Bye*
Bonjour	*Hello*
Au revoir	*Goodbye*
Excuse-moi!	*Excuse me!*
Excusez-moi!	*Excuse me!* (to an adult)
À tes souhaits!	*Bless you!*
À vos souhaits!	*Bless you!* (to an adult)
S'il te plaît	*Please*
S'il vous plaît	*Please* (to an adult)
De rien	*Don't mention it*
Je vous en prie	*Don't mention it* (to an adult)
Merci	*Thanks*
Je vous remercie	*Thank you* (to an adult)

Les transports	*Transport*
le bus	*bus*
le métro	*underground*
le bateau	*boat*
le taxi	*taxi*
le train	*train*
le tram	*tram*
le vélo	*bike*
la moto	*motorbike*
à pied	*on foot*
Tu vas comment à / au…?	*How do you get to…?*
Je vais à / au…	*I go to…*
à pied / vélo	*on foot / by bike*
en métro / voiture	*by tube / car*
Je prends le bus.	*I take the bus.*
Je peux aller à… à pied?	*Can I go to… on foot?*
Je dois prendre le bus?	*Do I have to take the bus?*
Tu peux prendre le métro.	*You can take the tube.*
Je veux bien!	*I'd like to!*

26 vingt-six

On chante! 1.8

C'est par où? — Which way is it?

Pour aller à / au..., s'il vous plaît?	Which way is it to...?
Le / La / Les..., c'est par où?	Where is / are the...?
Tourne à droite.	Turn right.
Tournez à gauche.	Turn left.
Va tout droit.	Go straight on.
Continue tout droit.	Carry straight on.
Traversez le pont.	Cross the bridge.
Allez jusqu'au bout de la rue.	Go to the end of the street.
Prends la première rue à droite.	Take the first street on the right.
Prenez la deuxième rue à gauche.	Take the second street on the left.
d'abord	first
puis	then
ensuite	then/next
pour finir	finally
Il faut aller tout droit.	You must go straight on.

Vouloir, devoir, pouvoir, savoir — Want, must, can, know

Je peux...?	Can I...?
je voudrais	I'd like
je veux	I want
je dois	I have to/I must
je sais	I know/I can
Tu sais comment faire?	Do you know how to do it?

Ça roule en roller!

Refrain 1
Ce matin, c'est l'enfer:
pas de bus, pas de train,
pas de tram, pas d'métro.
Aïe aïe aïe, comment faire
pour aller au boulot?

En voiture? Pas question.
Ça pollue la nature.
À vélo? Pas question.
Il n'fait pas assez beau!

[Refrain 1]
Et à pied? Non, non, non!
Ça, ça use les souliers!
En roller? Mais bien sûr!
Le roller, c'est super!
Écolo, rigolo
et presto au boulot!

Refrain 2
Ce matin, c'est super:
pas de bus, pas de train,
pas de tram, pas d'métro.
Pour aller au boulot,
le roller, c'est le bonheur!

1 Lis et écoute. Note les transports.

2 Trouve les expressions pour:
a c'est vraiment horrible
b oh là là!
c Je peux aller au travail comment?
d Je ne veux pas!

3 Explique:
Pourquoi pas la voiture? le vélo? à pied?
Pourquoi en roller?

vingt-sept 27

Héros,

Héros et héroïnes du présent et du passé!

héroïnes 2

Context:
Famous people

Grammar focus:
Perfect tense (1)

1 Regarde les photos. Tu connais les personnages?

2 Prépare trois phrases sur chaque personnage. La classe devine qui c'est.

Exemple *Elle est blonde. Elle est petite. Elle a les cheveux frisés.*

3 Crée le musée de tes héros et héroïnes. Who would be in your waxworks museum? In groups, make a poster. Cut out or draw pictures and label them.

Exemple *Il s'appelle Daniel Craig. Il a les cheveux courts.*

Joe et Nina ont visité le Musée Grévin au centre de Paris.

C'est quoi?

C'est un musée de cire* avec 300 personnages de cire.   *wax

Adresse du musée:
10, boulevard Montmartre – 75009 Paris
Numéro de téléphone: 01 47 70 85 05
Site Internet: www.grevin.com

Ouvert du lundi au vendredi: de 10 h 00 à 18 h 30

Les samedis, dimanches, jours fériés et vacances scolaires: de 10 h 00 à 19 h 00

vingt-neuf 29

2.1 Au Musée Grévin

• Describing people

a

b

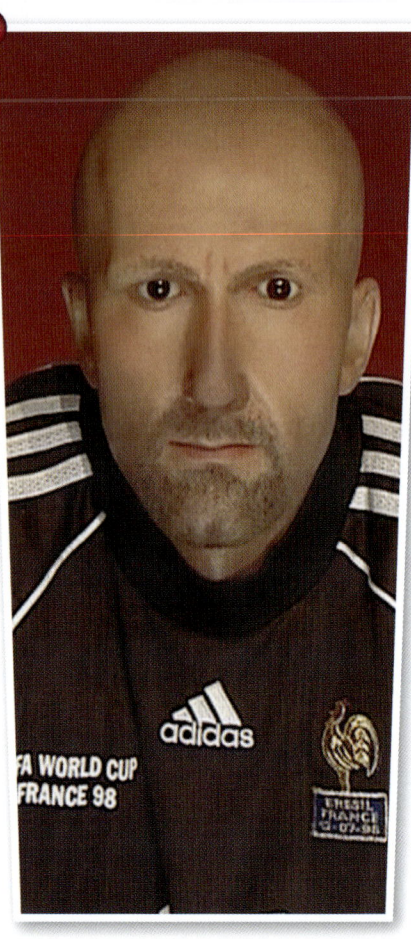
c

he's **a footballer** = il est **footballeur**

1a Regarde le clip. Tu vois quels personnages? Tu les connais?

Charles De Gaulle • Lara Croft • Mozart • Céline Dion • Elton John • Marie Curie • Fabien Barthez • Marie-Antoinette

1b Regarde encore. Quels métiers sont mentionnés?

un chanteur • un président • un joueur de foot • un acteur

2a Écoute. À qui correspond chaque description?

2b Écris une description de Barthez ou de Gaulle. (Utilise tes notes et la photo.)

Il est grand / gros / jeune / beau? Il a les yeux de quelle couleur? Ses cheveux sont comment?

Grammaire

Attention aux adjectifs!
They usually come **after** the noun: une chanteuse célèbre
Some come **before** the noun: un **grand** nez
Voir la liste, page 132.

⚠️ Watch out for irregular adjectives:

m. sing.	f. sing.	m. pl.	f. pl.
beau	belle	beaux	belles
vieux	vieille	vieux	vieilles
long	longue	longs	longues

See page 132.

30 trente

Au Musée Grévin 2.1

 3 À deux: jouez à *Ni oui, ni non*. A pose des questions sur Céline Dion. B répond sans dire oui / non.

assez = quite
très = very

Exemple **A** *Céline Dion est petite?*
B *Elle est assez grande. Elle n'est pas petite.*

 4a Lis. Qui est David Douillet?

David Douillet

J'aime beaucoup **David Douillet**. C'est mon héros depuis longtemps parce que moi aussi, je fais du judo. Il est champion de judo. Il a gagné beaucoup de médailles d'or pour la France aux Jeux Olympiques. Il mesure 1,96 mètre et il pèse 125 kilos, mais il n'est pas gros parce qu'il est très grand!
Son pied mesure 30 centimètres! Il est brun et il a les cheveux assez courts.

Luc

 4b Combien trouves-tu de mots de liaison dans la bulle?

 4c Décris David Douillet en cinq phases. Utilise au moins cinq adjectifs. Échange avec un(e) partenaire.

 5 Choisis et décris un personnage célèbre (+ / - 60 mots).
Score at least 10 points by using linking words and adjectives.

1 adjective = 1 point
et, mais, alors, parce que = 1 point

Some useful linking words (*les mots de liaison*)
To make what you say or write more impressive, use linking words:
et = and
mais = but
ou = or
alors = so
parce que = because

Défi!

Read and comment on your partner's description.
Expressions utiles: *Excellent! Bravo! Bon travail. Des fautes d'orthographe. Un peu court. Bon choix de mots de liaison.*

Visit

trente-et-un 31

2.2 Le week-end dernier

• What I did last weekend; perfect tense with *avoir*

 1 Lis et écoute le blog français de Joe. Trouve une légende pour chaque dessin.

Exemple **a** *J'ai regardé les cartes postales.*

Samedi dernier, j'ai visité le Musée Grévin avec Nina. C'est un musée de cire que j'ai trouvé très intéressant. J'ai vu beaucoup de personnages célèbres qui étaient tous en cire!

Le soir, chez Max, je n'ai pas regardé la télé. J'ai surfé sur Internet. J'ai visité le site web de Paris que j'ai montré à Max. Il l'a trouvé super!

L'après-midi, dans les magasins, j'ai regardé les cartes postales.

...et j'ai trouvé un super poster!

Après, j'ai mangé un hamburger dans un fast-food près du musée... mais je n'ai pas vraiment aimé.

J'ai acheté un T-shirt rigolo...

Grammaire

Talking about the past
To say what happened in the past (as in a sequence of events), you need **the perfect tense** *(le passé composé)*:

j'ai visité = I visited (or I have visited)
j'ai mangé = I ate (or I have eaten)
j'ai acheté = I bought (or I have bought)

 **2** Regarde la fin du clip. Tu entends quelles phrases au passé?

32 trente-deux

Le week-end dernier 2.2

 3 **Grammaire:** trouve tous les exemples de verbes au passé composé dans le blog de Joe et traduis-les en anglais.

Exemple *J'ai visité le Musée Grévin. = I visited the Musée Grévin.*

 4 À deux: jeu de mémoire.

Exemple **A** *Le week-end dernier, j'ai surfé sur Internet.*
B *Le week-end dernier, j'ai surfé sur Internet et j'ai acheté un T-shirt.*
A *Le week-end dernier, j'ai surfé sur Internet, j'ai acheté un T-shirt et j'ai joué au foot. Etc.*

 5a Écoute. Prends des notes. À ton avis, Julie a trouvé son week-end:

Exemple *écouté musique, …*

☺ génial, ☺ pas mal, ☹ nul?

 5b Écoute a–j. Coche si c'est une question.

 6 **Grammaire:** dis le contraire de Joe dans son blog, page 32.

Exemple *J'ai visité le musée.* → *Je **n'**ai **pas** visité le musée.*

 7 Trouve cinq choses que ton partenaire a faites le week-end dernier.

Exemple **A** *Tu as fait tes devoirs?*
B *Non, je n'ai pas fait mes devoirs.*

 8 Parle à ton groupe de ce que tu as fait le week-end dernier (+/- 2 minutes).

Prepare in advance. Read Labo-langue, page 38, for some useful tips and use only the verbs on pages 32–33 and in Labo-langue.

J'ai visité
J'ai acheté
J'ai vu
J'ai aimé

J'ai mangé
J'ai regardé
J'ai surfé
J'ai trouvé

Grammaire

To form the *passé composé*…

… you need two parts: the present tense of *avoir* + **past participle**
  j'*ai* **visité**
  tu *as* **acheté**, etc.

To make the past participle of **regular *-er* verbs,** replace the *-er* infinitive ending with **-é**:
  regarder → regard → regard**é**

 A few common verbs have irregular past participles, e.g.
v~~oir~~ → **vu**

More on this in Labo-langue, page 38.

To make a negative statement in the past:
Use **ne… pas** around the *avoir* part of the verb + past participle:
  je *n'ai* **pas** visité = I haven't visited (*or* I didn't visit)

J'ai mangé une pizza mais je n'ai pas aimé!

Stratégies

Don't forget!
Your voice goes up at the end when asking a question.

La voix monte pour poser une question?

Oui, et elle descend pour répondre.

trente-trois 33

2.3 Je suis fan

- Heroes: what they have done; perfect tense with *avoir*

READING **1** **Lis le message de Bastien. Pourquoi Louis Braille est-il son héros?**

il a inventé = he invented
elle a inventé = she invented

Forum-Internet

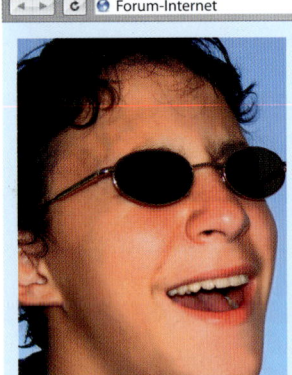

Bastien, Bruxelles:

Salut, tout le monde! Mon héros, c'est Louis Braille. Il a inventé un système qui permet aux aveugles* de lire avec les doigts*. C'est mon héros parce que, comme lui, je suis aveugle. J'adore lire et j'ai lu beaucoup de livres grâce à* son invention.

1. Et toi, tu es fan? Ton héros ou ton héroïne, c'est qui?
2. Qu'est-ce qu'il / elle a fait?

**aveugle* = blind
doigts = fingers
grâce à = thanks to

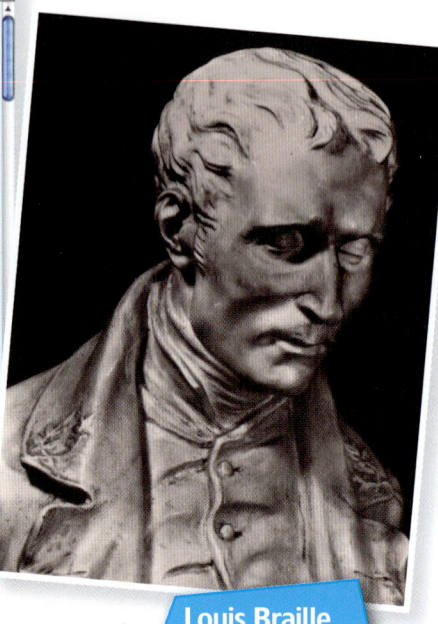

Louis Braille

READING **2** **Lis et réponds en anglais.**

a Who is Chloé's hero?
b What does he do?
c Why was 1998 such an important year for France?
d Apart from playing football, what has Thuram done?

Forum-Internet

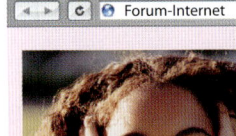

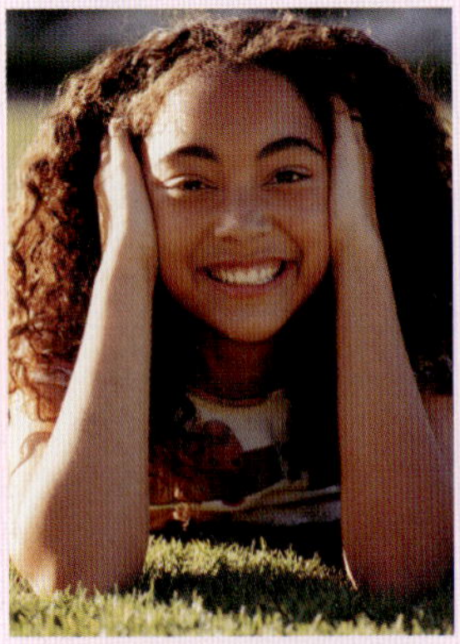

Chloé, Marseille:

Salut! Moi, mon héros, c'est un footballeur qui s'appelle Lilian Thuram. Il est défenseur. Il a joué dans l'équipe de France quand la France a gagné la Coupe du monde en 1998. En plus, il a condamné le racisme et il a travaillé pour l'intégration des étrangers en France.

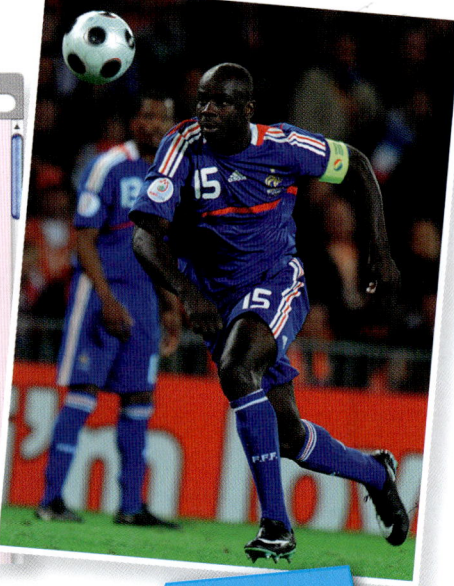

Lilian Thuram

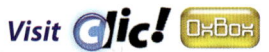

Je suis fan 2.3

 3 Lis et écoute le message de Maïa et complète les phrases.

a Jenifer est une *** française qui a *** un grand nombre de CD.
b Elle a *** du succès quand elle a *** une émission de télé.
c Maïa a *** un billet pour voir son héroïne grâce à sa ***.

Grammaire

Irregular verbs

avoir → eu (j'ai eu – I had / I have had)
être → été (j'ai été – I was / I had been)
faire → fait (j'ai fait – I did / I have done)

More in Labo-langue, page 38.

Maïa, Cassis:

Mon héroïne, c'est la chanteuse française Jenifer. Je suis une vraie fan. Elle a gagné la *Star Academy* à la télé et elle a eu beaucoup de succès. Elle a été la meilleure artiste féminine française plusieurs années de suite*. Elle a fait beaucoup de CD et de DVD, et j'ai toujours adoré! Elle a donné un concert à Marseille le week-end dernier et j'ai eu de la chance*: ma mère a acheté des billets pour ma sœur et moi.

*several years in a row
I was lucky

Jenifer

 4 À deux: A est l'interviewer et pose les questions de Bastien (page 34). B est Chloé ou Maïa et répond. (B→A)

A Ton héros ou ton héroïne, c'est qui?
B Mon héros / Mon héroïne, c'est...
A Qu'est-ce qu'il / elle a fait?
B Il / Elle a...

Stratégies

Conversation tips
- If you need time to think, hesitate using **euh...**
- If the person you are speaking to can't seem to think what to say, help them with some prompt questions: **quand? pourquoi? et après?**, etc.

il / elle a...
gagné   inventé   fait
été   joué   eu

 5 À toi de répondre aux questions de Bastien (+/- 50 mots).

2.4 La France en guerre

• Describing a period in history; perfect tense with *avoir*

La Deuxième Guerre mondiale a commencé le 1er septembre 1939 quand les Nazis ont envahi la Pologne. En juin 1940, les Nazis ont occupé tout le nord de la France.

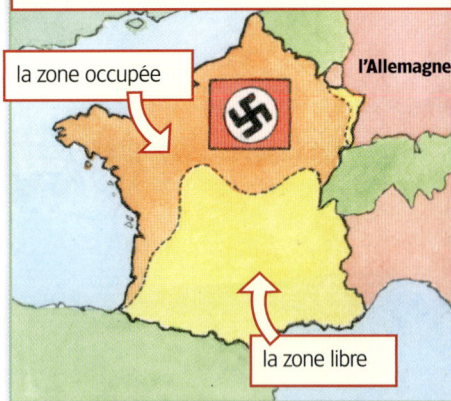

la zone occupée
l'Allemagne
la zone libre

Beaucoup de Français ont collaboré avec les Nazis, mais d'autres ont résisté. Ça a commencé avec de petits gestes. Par exemple, ils ont écrit des graffiti antinazi sur les murs.

Les Français ont fait des actes de sabotage. Ils ont coupé les lignes de téléphone. C'était dangereux. Souvent, les Nazis ont trouvé et fusillé les coupables*. *shot those guilty

Vous avez coupé les lignes de téléphone?
Nous n'avons rien fait.

En 1941, les Français ont formé des organisations de résistance. Ces organisations ont travaillé ensemble. Pour garder le secret, les Résistants ont pris des noms de code, souvent des noms d'animaux.

Je suis Hérisson*.
*un hérisson = hedgehog

Charles de Gaulle a quitté la France et il a trouvé refuge à Londres pour organiser la libération. À la radio, les Français de Londres ont envoyé des messages codés aux Résistants.

«Les Français parlent aux Français... Lucie a les yeux bleus.»
C'est pour nous. On attaque ce soir!

Les Résistants ont attaqué les trains qui contenaient des armes pour les Nazis. C'était extrêmement dangereux.

Les Résistants ont aidé les pilotes britanniques à passer la frontière espagnole. L'Espagne n'était pas occupée par les Nazis. En Espagne, les pilotes ont pris des bateaux pour rentrer en Angleterre.

Beaucoup de Français – hommes, femmes et adolescents – ont travaillé pour la Résistance. Les Nazis ont arrêté, torturé et tué beaucoup de Résistants.

En août 1944, les forces armées françaises, britanniques et américaines ont libéré Paris avec l'aide des Résistants.

Vive la France!
Vive la France!

La France en guerre — 2.4

1 Lis et écoute. Vrai ou faux?

a It's the story of military operations in France in World War 2.
b It's the story of how some French people fought against German occupation.

2 Lis et réponds en anglais.

a What happened in France in 1940?
b How are the French who didn't collaborate with the Nazis called?
c What did they do to fight? (3 actions)
d What did the Nazis do to prisoners?
e How did the French Resistance help the British?
f Who liberated Paris in 1944?

3 Grammaire: Find all the perfect tenses in the story and translate them in English.

Exemple *a commencé = started*

4 Attention aux accents! Recopie les phrases. Si nécessaire, ajoute un accent aux mots en bleu.

a De Gaulle **a** trouvé refuge **a** Londres.
b Il **a** envoyé des messages **a** un membre de la Résistance.
c On **a** aidé les Britanniques **a** passer la frontière.

5 Souvent les mots ont plus d'un sens. Dans la bande dessinée, les mots suivants ont le sens A ou B?

a **occupé**:
 A occupied = busy   B occupied = taken over

b **libre**:
 A free = not dominated by others   B free = at no cost

c **refuge**:
 A shelter   B traffic island

d **les forces**:
 A strengths   B troops

6 Ferme le livre et explique en anglais ce qu'ont fait les Résistants et pourquoi.
Explain how some ordinary French people became involved in the war.

Les dates
en 1939 = en mille neuf cent trente-neuf

Grammaire

Grammaire: *the perfect tense*

nous avons ⎫
vous avez   ⎬ +   occupé
ils ont   ⎪   travaillé
elles ont   ⎭   écrit
                    fait

Voir aussi Labo-langue, page 38.

En août 1944, Paris est libérée avec l'aide des Résistants.

trente-sept 37

2.5 Labo-langue

Bien comprendre — Perfect tense verbs with avoir

*J'ai vu un film d'horreur.
Je n'ai pas aimé!
J'ai eu peur!*

What tense do I need to talk about things that happened in the past?
The most common past tense is the perfect (**le passé composé**).

How do I form the perfect tense?
You need two parts:
the present tense of *avoir* + **past participle**
  j'ai **visité**
  tu as **acheté**, etc.
To make the past participle of regular **-er** verbs, replace the **-er** infinitive ending with **-é**:
regarder → regard → regardé
parler → parl → parlé
manger → mang → mangé

There are also patterns for regular verbs with infinitives ending **-ir** and **-re**:
-ir verbs: finir → fin + i → fini
-re verbs: vendre → vend + u → vendu

What about irregular past participles?

⚠️ Many common verbs do not have regular past participles. You need to learn them by heart:

avoir	→ eu		être	→ été
faire	→ fait		prendre	→ pris
écrire	→ écrit		dire	→ dit
voir	→ vu		lire	→ lu

1 Copy and complete with past participles.

a Samedi, j'ai [**visiter**] Paris et j'ai [**voir**] tous les monuments.
b On a [**acheter**] et [**écrire**] des cartes postales.
c J'ai [**adorer**] le grand magasin qu'on a [**visiter**].
d Nous avons [**prendre**] le bus et j'ai [**avoir**] une belle vue.
e J'ai [**lire**] *Pariscope* et j'ai [**faire**] une excursion.
f Le soir, j'ai [**faire**] mes devoirs et j'ai [**regarder**] la télé.
g Mon frère a [**écouter**] de la musique et il a [**téléphoner**] à sa copine.
h On a [**voir**] un film d'horreur et on a [**avoir**] peur.

2 Translate into English.

a Nicolas Conté a inventé le crayon.
b Audrey Tautou a joué le rôle d'Amélie Poulain.
c Jenifer a gagné la *Star Academy* à la télé.
d Jean-Baptiste Maunier a chanté dans le film *Les Choristes*.
e René Goscinny a fait les illustrations pour Astérix.

Jean-Baptiste Maunier

3 Translate into French.

a Alexander Graham Bell invented the telephone.
b JK Rowling wrote the Harry Potter books.
c Daniel Craig played the role of James Bond.
d Kylie Minogue has made a lot of CDs.
e Queen Elizabeth II has had four children.
f David Beckham and Wayne Rooney played football for England.

Labo-langue 2.5

How do you make a negative sentence in the past?
Use **ne... pas** around the *avoir* part of the verb + past participle.
(**ne** changes to **n'** in front of a vowel or h)

je **n'ai pas** visité = I haven't visited (or I didn't visit)

tu **n'as pas** acheté, etc. = you haven't bought (or you didn't buy)

⚠ After a negative, **un** or **une**, **du**, **de la** and **des** change to **de** (or **d'**):
j'ai lu **une** brochure → je **n'ai pas** lu **de** brochure
nous avons acheté **des** chips → nous **n'avons pas** acheté **de** chips

4a Make these sentences negative.

a J'ai acheté trois DVD.
b Tu as vu le prof?
c Martin a parlé à ses parents.
d Nous avons trouvé un musée intéressant.
e Les Résistants ont collaboré avec les Nazis.
f Vous avez oublié vos cahiers?
g J'ai laissé un message.
h Emma a mangé des bonbons.
i Nous avons fait du sport.

4b Translate your sentences into English.

Bien apprendre — Improving what you say

Vous avez un héros ou une héroïne?

Oui, j'ai un héros. Il s'appelle Nicolas Vanier. C'est un explorateur.

Oui, j'ai un héros. Il s'appelle Nicolas Vanier. Il est génial! C'est un explorateur qui a fait des expéditions...

Oui, j'ai un héros.

Which of the three answers on the left do you think is the most interesting? There are a number of ways to improve what you say when you speak French.

1 Discuss with a partner and put these tips in order (1 = most important, 9 = least important).

- Speak with a good accent.
- Use adjectives for added colour.
- Use linking words like **et**, **mais**, **alors** and **qui** to link ideas.
- Give opinions (**c'est génial**, **c'était dangereux**, etc.).
- Make sure you are using the right tense.
- If you have to hesitate, do it in a French way: **euh...**
- Give reasons (**parce que...**, etc.).
- Give examples. Say: **Par exemple...**
- If you don't understand what someone says, say so: **Je n'ai pas compris!**

2 Tell your partner about a famous person you admire.
Set five of the points above as a target for yourself to improve what you say.

Visit Clic! OxBox

trente-neuf 39

2.6 En plus — Voyage dans le passé

Salut! Je m'appelle Annie. J'ai fait un voyage intéressant, un voyage dans l'histoire, un voyage chez les Romains! (Je n'ai pas mis de toge, j'ai gardé mon jean!)

Samedi, j'ai visité les arènes et j'ai vu un spectacle de gladiateurs. Je n'ai pas aimé parce que c'était trop violent! Le soir, Marcus a écrit des poèmes et il a lu les poèmes de grands poètes romains.

J'ai mangé trois repas par jour: le matin, j'ai pris du pain, du fromage et du lait, et j'ai pris des biscuits et des olives pour aller à l'école. Le midi, on a fait un pique-nique rapide: on a mangé de la viande et des fruits, et j'ai bu de l'eau.

L'après-midi, après l'école, j'ai pris le repas principal avec la famille: nous avons mangé de la viande et des légumes... beaucoup de légumes! Je n'ai pas bu de vin... ce n'est pas permis.

1 Lis et réponds en anglais.

a Whom did Annie visit?
b Did she write poems?
c Did she wear a toga?
d Did she drink wine?

2 Écris 10 questions pour Annie.

Exemple *Tu as fait un voyage intéressant?*
As-tu...? Etc.

3 À deux: A pose ses questions. B joue le rôle d'Annie et répond.

Perfect tense questions
Here are three different ways you could ask someone:
Did you eat all the crisps?
1 Make your voice rise at the end:
   Tu as mangé toutes les chips?
2 Start with *est-ce que*:
   Est-ce que tu as mangé toutes les chips?

Clic s'amuse! 2.6

Ça veut dire quoi?

Choisis la bonne réponse.

Il est chauve comme un œuf.

a Il a les cheveux courts.
b Il a les cheveux frisés.
c Il n'a pas de cheveux.

Sans blague!

C'est une leçon de grammaire.
Le prof: Si c'est toi qui as chanté, tu dis
«j'ai chanté.» Si c'est ton frère qui
a chanté, qu'est-ce que tu dis?
Léa: Je dis «Quelle horreur!»

Virelangue

Dis vite trois fois!

Dors-tu, tortue tordue?

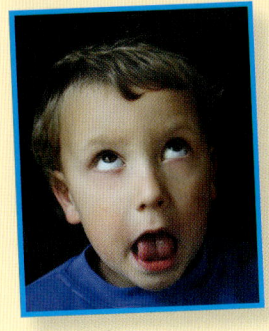

Casse-tête

Esope reste ici et se repose.

Cette phrase est magique.
Pourquoi?
(Clue! It has something in common
with these words: *elle, Bob, mum*.)

Drôles d'histoires

Joue avec un dé et relie les bouts de phrases correspondants.

	First Throw		Second Throw		Third Throw
1	Un explorateur	1	a fait du canoë	1	dans la jungle.
2	Un Martien vert	2	a fait un voyage en soucoupe volante	2	autour de la Lune.
3	Ma grand-mère	3	a bu du thé	3	dans le salon.
4	Un poisson rouge	4	a nagé trois kilomètres	4	dans la mer.
5	Un voleur	5	a volé une voiture	5	à minuit, dans le centre-ville.
6	Un petit garçon	6	a fait du skateboard	6	dans un parc.

Réponses page 147.

quarante-et-un 41

2.7 Clic podcast

Rencontre avec... Noé

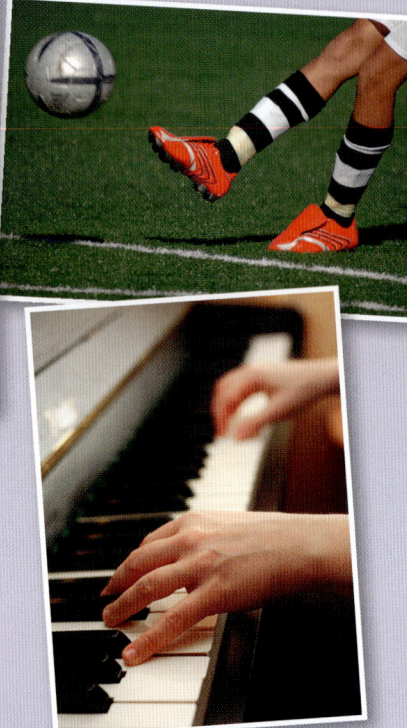

1 Écoute le podcast. Complète les réponses de Noé.

1 **Tu as quel âge?**
J'ai...
2 **Tu es grand ou petit?**
Je suis...
3 **Tu as les yeux de quelle couleur?**
J'ai les yeux...
4 **Tes cheveux sont comment?**
J'ai les cheveux...
5 **Ton héros/Ton héroïne, c'est qui?**
C'est...
6 **Qu'est-ce qu'il/elle a fait?**
Il a...
7 **Qu'est-ce que tu as fait samedi dernier?**
J'ai...
8 **Qu'est-ce que tu as fait dimanche dernier?**
J'ai...

2 À toi de répondre aux questions!

3 À deux: préparez un podcast. Utilisez les questions 1–8.

Bien parler — eu, ou and u sounds

1a Read and listen to the conversation on the right. Pay special attention to the different sounds.

1b Read the conversation with a partner.

2a How sharp is your hearing? You'll hear a man say each word in the pair and then a woman will repeat one of them. Is it **A** or **B**?

a **A** du **B** deux
b **A** joue **B** jeu
c **A** tu **B** tout
d **A** rue **B** roue
e **A** vu **B** vous
f **A** pu **B** peu

- La chanteuse a les yeux de quelle couleur?
- Elle a les yeux bleus.
- Tu as fait du judo?
- Non, j'ai joué à des jeux vidéo.

2b Practise in pairs. **A** reads aloud one of the words. **B** points to the right word. (**B**→**A**)

quarante-deux

TEST Tu sais tout? 2.7

1 Écoute!
Listen and list the pictures in the correct order.

Exemple **1 = c**

2 Lis!
Read the text and write 10 facts about Jean-Baptiste Maunier in English.

> Mon héros est acteur et chanteur. Il s'appelle Jean-Baptiste Maunier. Il est né en 1990. Il est assez grand et mince. Il est brun et il a les cheveux assez longs. Il est très beau.
>
> Il a commencé à chanter au collège et il a fait partie d'une chorale*. En 2004, il a joué le rôle de Pierre Morhange dans le film *Les Choristes* qui a eu un grand succès en France. Il a quitté la chorale en 2005.
>
> Il a fait plusieurs films et continué ses études. *choir

3 Parle!
Describe what these people look like. Give at least five pieces of information about each. Use **très**, **assez** and suitable linking words.

4 Écris!
Write about what you did last Saturday (+/− 60 words). Include the details below. Use at least four different linking words.

a	food	J'ai mangé un hamburger.
b	sports / hobbies	J'ai joué au foot.
c	outings	J'ai visité un musée.
d	evening activities	J'ai regardé la télé.

quarante-trois 43

2.8 Vocabulaire

Mon héros / héroïne	*My hero / heroine*
Il / Elle s'appelle…	His / Her name is…
Il est footballeur / chanteur / acteur.	He is a footballer / a singer / an actor.
Elle est chanteuse / actrice.	She is a singer / an actress.
Il / Elle a beaucoup de médailles.	He / She has a lot of medals.
Il / Elle est célèbre.	He / She is famous.
Il est grand / petit.	He is tall / short.
Elle est grande / petite.	She is tall / short.
Il / Elle mesure 1,83 mètre.	He / She is 1 metre 83 tall.
Il est gros / mince.	He is fat / thin.
Elle est grosse / mince.	She is fat / thin.
Il / Elle pèse X kilos.	He / She weighs X kilos.
Il est assez beau.	He is quite good-looking.
Elle est très belle.	She is very good-looking.
jeune	young
vieux/vieille	old
long/longue	long

Les mots de liaison	*Linking words*
et	and
mais	but
ou	or
alors	so
parce que	because
qui/que	who, which, that

Le week-end dernier	*Last weekend*
J'ai visité Paris / le musée.	I visited Paris / the museum.
J'ai mangé un hamburger.	I ate a burger.
J'ai regardé les cartes postales.	I looked at the postcards.
J'ai acheté un T-shirt.	I bought a T-shirt.
J'ai trouvé un super poster.	I found a great poster.
J'ai surfé sur Internet.	I surfed the Internet.
J'ai écouté la radio / un CD.	I listened to the radio / a CD.
J'ai regardé la télé / un DVD.	I watched the TV / a DVD.
J'ai joué au foot / du piano.	I played football / the piano.
J'ai fait mes devoirs.	I did my homework.
C'était bien / génial / pas mal.	It was good / great / not bad.
J'ai bien aimé.	I liked it.
Je n'ai pas aimé.	I didn't like it.
J'ai trouvé le musée intéressant / nul.	I found the museum interesting / dull.
Je n'ai pas visité / trouvé…	I didn't visit / find…

Tu es fan?	*Are you a fan?*
Ton héros ou ton héroïne, c'est qui?	Who is your hero / heroine?
Qu'est-ce qu'il / elle a fait?	What has he / she done?
Je suis fan.	I am a fan.
Mon héros, c'est un footballeur.	My hero is a footballer.
Il / Elle a inventé / joué / chanté / eu du succès.	He / She invented / played / sang / had success.
Il / Elle a condamné le racisme.	He / She condemned racism.

La France en guerre	*France at war*
la Deuxième Guerre mondiale	the Second World War
Les Nazis ont occupé la France.	The Nazis occupied France.
Ils ont arrêté / torturé / tué…	They arrested / tortured / killed…
Les Français ont résisté.	The French resisted.
Ils ont travaillé pour la Résistance.	They worked for the Resistance.
Ils ont écrit des graffiti.	They wrote graffiti.
Ils ont coupé les lignes de téléphone.	They cut the telephone lines.
Ils ont attaqué les trains.	They attacked trains.
Il ont pris des noms de code.	They took code names.
Ils ont envoyé des messages codés.	They sent coded messages.
Ils ont libéré Paris.	They liberated Paris.
C'était dangereux.	It was dangerous.
Vous avez coupé les lignes de téléphone?	Did you cut the telephone lines?
Nous n'avons rien fait.	We didn't do anything/We haven't done anything.

On chante! 2.8

C'est la vie!

1. J'ai mangé un gâteau énorme
   Maintenant*, je n'suis pas en forme*

   Refrain   *maintenant = now
                         en forme = fit

   Mais j'ai ri
   Et j'ai dit:
   C'est la vie!

2. J'ai acheté un p'tit chaton
   Maintenant, c'est un très gros lion

   [Refrain]

3. J'ai travaillé toute la journée
   Maintenant, je suis fatigué(e)

   [Refrain]

4. À la montagne, j'ai fait du ski
   Maintenant, je suis dans mon lit

   [Refrain]

5. Hier soir, j'ai vu un film d'horreur
   Maintenant, j'ai encore très peur

   [Refrain]

À toi!

Look at the photo. Use words from the vocabulary list to describe this person.

1 Lis et écoute. Relie chaque dessin à un couplet.

a   b   c

2 Explique en anglais ce qui s'est passé après…

a a visit to the cinema   d working hard all day
b a skiing trip   e buying a kitten
c eating a cake

3 Chante avec le CD.

4 À deux: inventez d'autres couplets.
In pairs, make up more verses.

quarante-cinq 45

Toujours

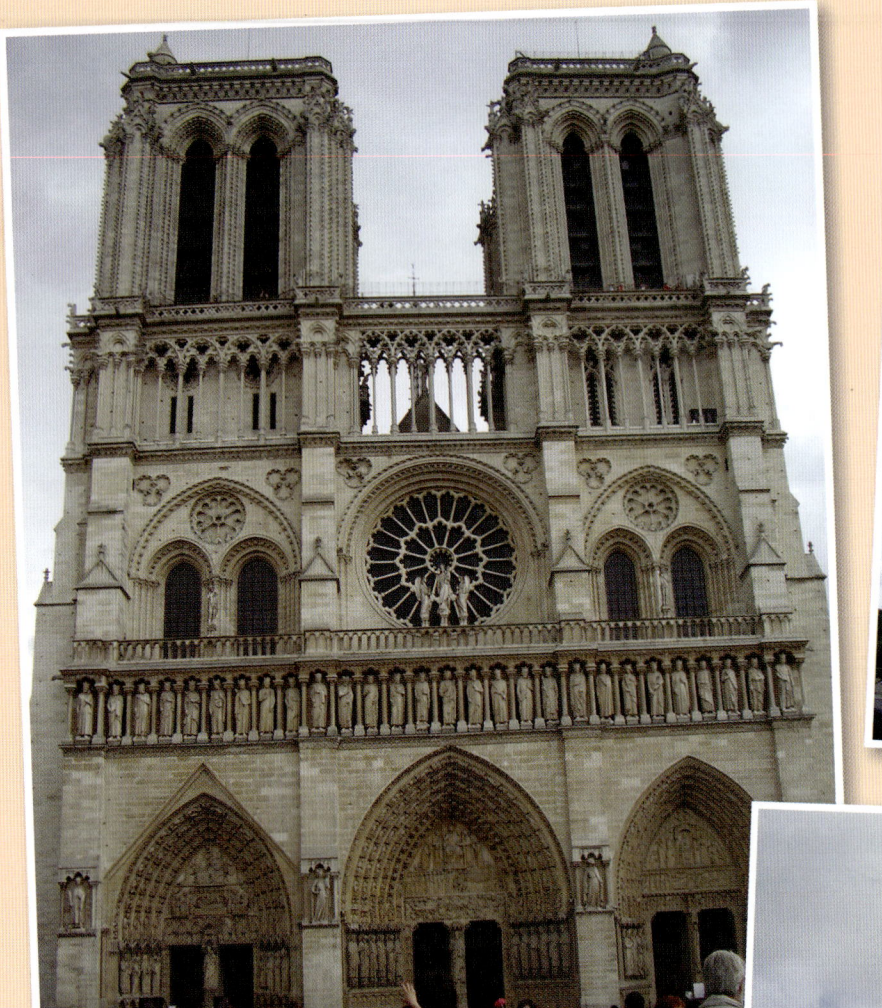

l'Arc de Triomphe

la cathédrale Notre-Dame

la Basilique du Sacré-Cœur de Montmartre

plus loin! 3

Context:
Visiting places of interest

Grammar focus:
Perfect tense (2)

la tour Eiffel

l'avenue des Champs-Élysées

Plus de 20 millions de touristes sont allés à Paris l'année dernière.

Paris, la capitale de la France, est une très grande ville. Il y a plus de 10 millions d'habitants dans la région parisienne – environ 18% de la population française.

1 Regarde et lis. Discutez en groupes: que savez-vous de Paris?

2 Dans un dictionnaire, trouve d'autres adjectifs pour décrire Paris.

Exemple *multiculturel*, *inoubliable*, etc.

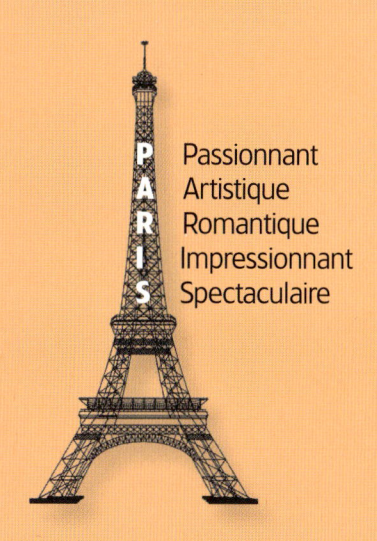

P Passionnant
A Artistique
R Romantique
I Impressionnant
S Spectaculaire

Visit clic! OxBox

quarante-sept 47

3.1 À Paris

• A day out; perfect tense with *être*

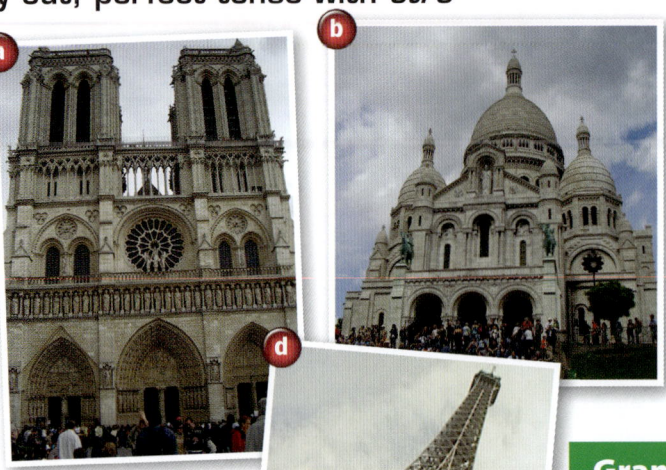

Joe à Paris

Grammaire

Perfect tense with *être*
There is a group of verbs that make the perfect tense with part of **être** instead of **avoir**. They are usually verbs of movement, e.g.
venir → **Je suis venu(e)** = I came
sortir → **Je suis sorti(e)** = I went out
See the full list on page 56.

1 Regarde le clip. Tu vois quels monuments?

Ma visite à Paris, par Lucas, 14 ans

Je suis allé à Paris avec mes parents un samedi en avril. Je suis parti à six heures du matin et je suis resté jusqu'à six heures du soir. Le matin, je suis allé à la tour Eiffel. La vue était super! L'après-midi, je suis allé au musée du Louvre et j'ai fait les magasins. Je suis rentré en train le soir. Je me suis bien amusé à Paris. Je ne me suis pas du tout ennuyé, même pas au musée!

Ma visite à Paris, par Chloé, 13 ans

Je suis allée à Paris l'année dernière en août. Je suis partie de chez moi à neuf heures et je suis arrivée à dix heures et demie. Je suis restée jusqu'à 19 heures. Je ne suis pas allée à la tour Eiffel parce que c'est assez cher et la queue était trop longue. On a fait une promenade en bateau sur la Seine et j'ai vu tous les monuments. Je me suis bien amusée à Paris mais je suis rentrée fatiguée!

2 Écoute et lis. Pour chaque personne, note en anglais:
  a when they went to Paris
  b how long they stayed
  c what they did
  d how we know if they had a good time

48   quarante-huit

À Paris 3.1

3 Grammaire: trouve dans les textes de Lucas et Chloé le passé composé masculin et féminin de ces verbes:
aller • partir • rester • rentrer

Exemple
infinitif	masculin	féminin
aller	je suis allé	je suis allée

4 Grammaire: transforme les infinitifs et écris des phrases au passé composé.

Exemple *Marie et Anna [partir].* → *Marie et Anna sont parties.*

a Max [**arriver**] en retard.
b Ma mère [**sortir**] hier soir.
c Mes parents [**rester**] en France.
d Mes cousines [**rentrer**] à la maison.
e La copine de Louis [**venir**] avec lui.
f Nous [**aller**] à Paris.

Grammaire

When the perfect tense is with **être**, the past participle has to agree like an adjective:

il est all**é**   ils sont all**és**

elle est all**ée**   elles sont all**ées**

⚠ When the perfect tense is with **avoir**, there is **no** agreement.

See Labo-langue, page 56.

5 À deux:
- A pose les questions du questionnaire.
- B est Lucas et répond de mémoire.
- Ensuite, B est l'interviewer et A est Chloé.

Questionnaire
Tu es allé(e) où?
Tu es parti(e) quand?
Tu es resté(e) combien de temps?
Qu'est-ce que tu as fait?
C'était comment?

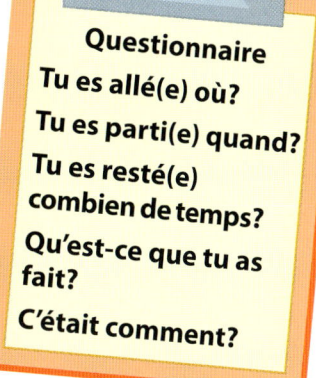

6 Écoute et prends des notes. Réponds au questionnaire pour Malika et Kévin.

Défi!

Grand concours: racontez un week-end original que vous avez passé à Paris et gagnez un voyage!

On the Internet or at the library, find out what else there is to see and do in Paris. Write an account of an imaginary weekend trip for the competition (+/- 100 words). Make it as original as possible! Score at least 12 points – one point for each correct...

– perfect tense verb with **être**   – use of **parce que**
                                       – opinion (**C'était...**)

Visit Clic! OxBox

quarante-neuf 49

3.2 Le Puy du Fou

- An event in the past; opinions

Vous aimez l'histoire? Préparez-vous à voyager dans le temps!

Dans l'ouest de la France, il y a un parc d'attractions très original qui s'appelle Le Puy du Fou.

Le Grand Parc propose des spectacles vraiment sensationnels – des Romains aux Vikings, des mousquetaires aux chevaliers.

Au Grand Parc, il y a des spectacles, des animations et des jeux pour toute la famille.

En savoir plus:
www.puydufou.com

Samedi dernier, je suis allée au Puy du Fou avec ma copine et ses parents.

On est allés en voiture et on est arrivés au parc à dix heures. On est restés toute la journée parce que c'était vraiment intéressant.

L'année dernière, plus d'un million de visiteurs ont visité le parc. Là, j'ai vu des spectacles vraiment excellents. D'abord, j'ai vu l'attaque des Vikings au Fort de l'An Mil. J'ai bien aimé. C'était très réaliste! Ensuite, j'ai vu le combat des gladiateurs au stadium gallo-romain. C'était mon spectacle préféré!

Le stadium, c'était comme le Colisée à Rome – c'était énorme. D'abord, l'empereur est entré et puis les centurions sont arrivés et les duels ont commencé. C'était extraordinaire!

Natacha

Grammaire

👦👦 = on est all**és**

👧👧 = on est all**ées**

👦👧 = on est all**és**

D'abord, lis *Bien apprendre*, page 57. Ensuite, fais les activités.

1 Lis l'annonce et le blog. Natacha a une opinion positive ou négative du parc?

50 cinquante

Le Puy du Fou 3.2

2 Vrai ou faux? Corrige si c'est faux.

a Le Puy du Fou est dans le nord de la France.
b Natacha est allée au parc avec son prof et sa classe.
c Natacha a voyagé en train.
d Elle est arrivée l'après-midi.
e Elle a trouvé les spectacles ennuyeux.
f Elle a vu des Vikings.
f Elle a trouvé le spectacle des Vikings intéressant.
h L'empereur romain est arrivé après les centurions.

3 Grammaire: trouve les verbes au passé composé dans le blog et traduis-les en anglais.

Exemple *je suis allée* = I went

4 Prépare un mini-dictionnaire de 10 mots nouveaux que tu as appris dans l'article. Mémorise-les pendant trois minutes. Ensuite, teste ton / ta partenaire.

5 À deux: A est reporter et pose des questions à Natacha.
B est Natacha et répond de mémoire. Enregistre l'interview si possible.

Exemple **A** *Tu es allée au Puy du Fou quand?*
         B *Je suis allée au Puy du Fou samedi dernier.*

> Tu es allée au parc comment?
> Qu'est-ce que tu as vu?
> C'était comment?
> Tu es arrivée à quelle heure?
> Tu es restée combien de temps?
> Tu es partie quand?

6 Lis les adjectifs à droite. Cherche les mots nouveaux dans un dictionnaire. Discute avec un(e) partenaire et écris deux listes:
- the adjectives you would expect to see in a good review
- the adjectives you might find in a bad review

6b Écoute et note les opinions sur le Puy du Fou.

7 Regarde encore le clip vidéo de Joe à Paris. Note les adjectifs / opinions.

Défi!

Write about a visit to a place of interest you have been to. Say when you went/who with/what you did and use plenty of opinion adjectives.

Example *L'année dernière, je suis allé à Alton Towers... C'était... D'abord... Ensuite...*, etc.

Opinions

C'était...

- *spectaculaire*
- *inoubliable*
- *impressionnant*
- *intéressant*
- *désagréable*
- *nul*
- *beau*
- *sensationnel*
- *amusant*
- *drôle*
- *surprenant*
- *ennuyeux*

Visit Clic! OxBox

cinquante-et-un 51

3.3 En vacances

• A past holiday; regional foods

1 Lis le texte.

Léa, 14 ans:
L'hiver dernier, avec ma classe, nous sommes allés à la montagne en Suisse. On est partis en février. On est arrivés à la station de ski le soir. Le lendemain, on est montés sur les pistes en télécabine. Nous avons fait beaucoup de ski – c'était génial! Mais le troisième jour, je suis tombée et je suis allée à l'hôpital. Je suis restée là six jours et puis je suis rentrée en France. L'année prochaine, je voudrais aller au Canada ou aux États-Unis.

2 Lance un dé deux fois et prends un élément dans chaque colonne. Tu peux faire combien de phrases correctes en cinq minutes?

Exemples

Il est allé aux   Rome. ✗

Elles sont arrivées à   Paris. ✓

Grammaire

How to say in and to

à	+ town / place	(à Paris, à Rome, la montagne etc.)
en	+ country (feminine)	(en France, en Irlande, etc.)
	+ continent	(en Europe, en Afrique, etc.)
au	+ country (masculine)	(au Portugal, au Danemark, etc.)
aux	+ country (plural)	(aux Pays-Bas, aux États-Unis, etc.)

First Throw

- Je suis rentré en
- Tu es parti au
- Il est allé aux
- On est restés en
- Vous êtes venus à
- Elles sont arrivées à

Second Throw

- Paris.
- France.
- Portugal.
- Italie.
- Pays-Bas.
- Rome.

En vacances 3.3

3 Relie chaque région de France à sa spécialité. Ensuite, écoute et vérifie.
l'Alsace • la Bretagne • la Savoie • la Provence

En vacances, avez-vous goûté aux* spécialités régionales?   *goûté aux = tasted / tried

les crêpes   le (gâteau) Kougelhopf   la salade niçoise   la fondue

4a Écoute Fatia et Jérémy. Regarde les photos. Qui a mangé ces repas?

a Du couscous (de la semoule avec de la viande et des légumes) et du thé à la menthe*.   *mint

b De la paëlla (du riz avec du poulet et des fruits de mer*) et de la horchata*.
*seafood
creamy white drink made from nuts

a	Tu es allé(e) où?
b	Tu es parti(e) quand?
c	Tu es resté(e) combien de temps?
d	Qu'est-ce que tu as fait?
e	Qu'est-ce que tu as mangé / bu?
f	C'était comment?

4b Réécoute. Prends des notes et réponds aux questions a–f pour Fatia et Jérémy.

5 Invente une destination de rêve. Ton / Ta partenaire t'interviewe. Utilise les questions de l'activité 4b.

Exemple **A** *Tu es allé(e) où en vacances?*
         B *Je suis allé(e) en Chine, etc.*

6 Décris tes vacances (+/- 90 mots). Réponds aux questions de l'activité 5b.

Visit Clic! OxBox

cinquante-trois 53

3.4 La conquête de l'espace

• The history of space travel

1 En 1957, le premier satellite russe est parti dans l'espace. C'était:
a Spoutnik   b Univers   c Mir

2 En 1961, pour la première fois, un homme est allé dans l'espace. Il a fait le tour de la Terre en une heure 48 minutes. C'était qui?
a Neil Armstrong
b Buzz Aldrin
c Youri Gagarine

3 En 1963, pour la première fois, les Russes ont envoyé une femme dans l'espace. Elle s'est entraînée dur. C'était qui?
a Martina Navratilova
b Valentina Terechkova
c Anna Bessonova

4 1965, c'est une année vraiment importante dans l'histoire de la conquête de l'espace. Pourquoi?
a Le premier bébé est né dans l'espace.
b Un homme est sorti de sa capsule et a flotté dans l'espace pour la première fois.
c Pour la première fois, deux personnes se sont mariées dans l'espace.

5 Le 21 juillet 1969, le premier astronaute a marché sur la Lune. C'était qui?
a Michael Collins
b Neil Armstrong
c Buzz Aldrin

6 Qu'est-ce qui s'est passé en 2000? C'était un événement extrêmement important.
a Un homme est allé sur Mars.
b Un enfant est allé dans l'espace.
c On a construit une station spatiale internationale dans l'espace.

7 En 2001, l'Américain Dennis Tito était le premier touriste de l'espace. Il est allé dans la Station spatiale internationale. Combien a-t-il payé son voyage?
a 5 000 euros
b 8 millions d'euros
c Plus de 14 millions d'euros

8 En 2006, l'Américaine Anousheh Ansari est partie comme touriste de l'espace. Qu'est-ce qu'elle a écrit dans son blog?
a Une bonne hygiène dans l'espace n'est pas si facile.
b Je n'ai pas regardé par la fenêtre.
c J'ai oublié ma brosse à dents.

La conquête de l'espace 3.4

1 Lis le jeu-test. Quels sont les deux pays qui ont contribué le plus à la conquête de l'espace?

2a Lis encore et trouve comment on dit les expressions suivantes. Qu'est-ce que ces expressions ont en commun?

a a man went into space
b he went round the Earth
c The Russians sent a woman into space
d she trained
e the first baby was born
f two people got married
g an astronaut walked on the moon
h what happened
i he went to the international space station
j she wrote

Grammaire

Adverbes
Add interest to adjectives by using intensifiers or **adverbs** in front of them:

C'est important!
C'est **très** important!
C'est **vraiment** important!
C'est **extrêmement** important!

2b Trouve deux adverbes.
In the quiz, find two adverbs which could be replaced by the word *très*.

3a À deux: à tour de rôle, lisez les questions du jeu-test et répondez.

3b Écoutez et vérifiez.

4 Lis l'article. Résume en anglais.

Le premier touriste de l'espace: l'Américain Dennis Tito

Âge lors du voyage	60 ans
Nationalité	Il est américain
Profession	Ancien ingénieur de la NASA devenu chef d'entreprise
Date du voyage	Du 28 avril au 5 mai 2001
Durée du voyage	7 jours, 22 heures et 4 minutes
Prix du voyage	20 millions de dollars
Nom de la mission	Soyouz TM-32

Dennis Tito est un homme d'affaires californien. Il est allé à la Station spatiale internationale en mai 2001. Sa passion pour l'espace est née à l'âge de 17 ans. Il a ensuite travaillé pour la NASA. Avant son voyage dans l'espace, il s'est entraîné à Moscou et il est devenu le premier touriste de l'espace.

3.5 Labo-langue

Bien comprendre — Perfect tense verbs with être

Some verbs form their perfect tense (the *passé composé*) with part of **être**, not *avoir*, e.g.

je suis all**é(e)**
tu es all**é(e)**
il est all**é**
elle est all**ée**
on est all**é(e)s**
nous sommes all**é(e)s**
vous êtes all**é(e)(s)**
ils sont all**és**
elles sont all**ées**

They are mostly verbs that indicate movement from one place to another. Try learning them in pairs:

arriver/partir	to arrive/to leave
aller/venir	to go/to come
entrer/sortir	to go in/to go out
monter/descendre	to go up/to go down
rentrer/retourner	to go home/to go back
tomber/rester	to fall/to stay
naître/mourir	to be born/to die

After *être* in the *passé composé*, the past participle changes. It agrees with the subject of the verb like an adjective (masculine/feminine, singular/plural).

il est all**é**   ils sont all**és**

elle est all**ée**   elles sont all**ées**

All **reflexive verbs** make their perfect tense with **être**.
s'amuser → *Je me suis bien amusé(e).*
se reposer → *Elle s'est reposée.*

Salut! Tu viens d'où? Moi, je suis arrivé hier. Je suis resté mais ma femme est partie. Elle est rentrée à la maison...

1 How many perfect tense verbs can you find in the cartoon? What do they mean?

2 Write out the sentences, changing the infinitives in brackets into past participles. (Make sure they agree with the subject of the verb.)

Example *Ma cousine [sortir].* → *Ma cousine est sortie.*

a Anne est [**venir**] chez moi.
b Paul est [**rester**] au collège.
c Mes parents sont [**aller**] au café.
d Ils sont [**retourner**] en France.
e Mon frère est [**tomber**] de son vélo.
f Maman et Julie sont [**descendre**] dans le métro.

3 Translate into English.

a Ils sont partis habiter à Paris.
b Le prof est entré dans la salle de classe.
c Tu es monté dans le bus?
d Vous êtes sortis quand?
e Je me suis couchée à dix heures.
f Tu t'es bien amusé au parc d'attractions?

Labo-langue 3.5

How do you make a negative sentence using the perfect tense with *être*?
Use **ne... pas** around the *être* part of the verb + past participle.
(**ne** changes to **n'** in front of a vowel or h)

je **ne** *suis* **pas** *rentré(e)* = I didn't go home
tu **n'***es* **pas** *allé(e)* = you didn't go

For reflexive verbs, put **ne** in front of the reflexive pronoun and **pas** in front of the past participle:

je **ne** *me suis* **pas** *amusé(e)* = I didn't have a good time
on **ne** *s'est* **pas** *amusé(e)s* = we didn't have a good time

4a Make these sentences negative.
a Luc est tombé dans le lac.
b Je suis resté en France.
c Tu es sortie avec Bruno samedi soir?
d On est allés voir le concert au club.
e Ma copine est arrivée avant le match.
f Vous êtes partis en train?
g Mes parents sont descendus à pied.
h J'ai pris l'ascenseur.
i Je me suis amusée à Paris.

4b Translate your sentences into English.

5 In three minutes, how many sentences can you write to say what you <u>didn't</u> do yesterday?

Bien apprendre *Reading strategies*

Des vacances actives

Max: Alors, Zoé, qu'est-ce que tu as fait pendant les vacances?
Zoé: Je suis allée en colonie de vacances dans les Pyrénées.
Max: Cool! Raconte!
Zoé: C'était top! J'ai fait du cheval...
Max: Tu t'es bien amusée? C'était difficile?
Zoé: Oui, oui. Faire du cheval, c'est super-dur, surtout la première fois, mais après, ça va. J'ai fait du canoë-kayak aussi, mais l'eau était très froide.
Max: L'eau était froide? Tu es tombée? C'est ça? Ah ah!
Zoé: Oui! Quoi? Ce n'est pas drôle.

• Read the text through fairly quickly at first to get a general sense of what it is about.

1 Sum up the dialogue on the left in one sentence in English.

• Study the title and illustrations. Do they provide clues?

2 Name two activities you expect to read about.

• You don't always need a dictionary.

3 List any words in the dialogue that you didn't know before but that you can work out the meaning of.

• The tense of verbs in a text can affect the meaning.

4 Is the dialogue talking about the past, present or future?

• Every time you read a text, make a note of any new words or phrases you could use yourself.

5 Make a note of at least three words / phrases you could re-use.

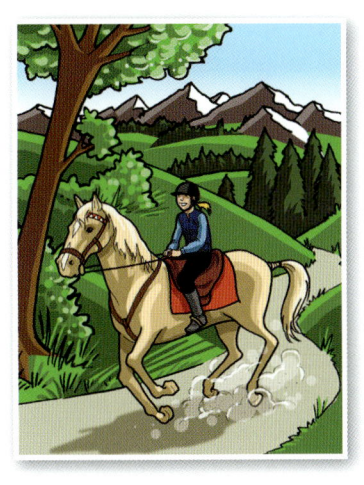

Visit *clic!* OxBox

cinquante-sept 57

3.6 En plus — Voyage en Afrique

Amina et sa sœur Azéla sont nées en France et habitent à Paris. Cet été, pour la première fois, elles sont allées en Afrique, au Burkina Faso, le pays de leurs parents. Elles sont restées trois semaines chez leur grand-mère.

Elles sont parties avec leur mère en avril. Elles ont pris l'avion pour Ouagadougou, la capitale. De là, elles sont allées au village de leur grand-mère. Leur grand-mère a fait un repas typique. Tous les gens* du village sont venus manger et faire la fête! C'était génial!

Au Burkina Faso, Amina et Azéla ont mangé du poisson, du riz, des légumes et de la salade. Elles ont bu du *zoomkoom* (*zoom* = farine, *koom* = eau). Le soir, les deux sœurs sont allées dormir chez leur grand-mère. Les femmes et les filles sont restées en bas*, les hommes et les garçons sont montés à l'étage*.

Amina et Azéla ont fait des excursions dans la région. Elles ont même* vu des hippopotames. C'était un voyage fantastique!

les gens = people
en bas = downstairs
à l'étage = upstairs
même = even

D'abord, lis *Bien apprendre: Reading strategies*, page 57. Ensuite, fais les activités.

1 Lis et complète les phrases.

a The two girls were born…
b Their parents come from…
c In Burkina Faso, they stayed…
d In the village, the girls and women sleep…
e When they were visiting the region they saw…
f They thought their holiday was…

2 À deux: A pose les questions du questionnaire de la page 55. B répond pour Amina. (B→A)

Exemple *Tu es allée où?*   *Je suis allée au Burkina Faso, en Afrique.*

3 Qu'est-ce qu'on mange au Burkina Faso?

Exemple *fish,..*

Grammaire

Le passé composé au pluriel

	avoir	être
nous	avons mang**é**	sommes all**é(e)s**
vous	avez mang**é**	êtes all**é(e)s**
ils	ont mang**é**	sont all**és**
elles	ont mang**é**	sont all**ées**

How many examples of these two types of plural verbs can you find in the text? Make two lists.

Clic s'amuse! 3.6

Ça veut dire quoi?

Choisis la bonne réponse.

Elle est dans la lune.

a Elle est astronaute.
b Elle est extrêmement grande.
c Elle est distraite et inattentive.
d Elle a fait beaucoup de voyages.

Il y a une expression idiomatique équivalente dans ta langue?

Sans blague!

Salut! On est déjà sortis ensemble, non? Une ou deux fois?

C'est possible… mais juste une fois… je ne fais jamais deux fois la même erreur.

Qui suis-je?

Je suis la deuxième ville de France. Mon homonyme* désigne le roi des animaux. Qui suis-je?

*word that sounds the same but has different meaning

Virelangue

Dis vite trois fois!

Qui est allé à Tahiti cet été?

Ne me fais pas rire!

Dame: Allô, la police? Mon mari a disparu. Il est sorti hier pour acheter des pommes et il n'est pas revenu. Qu'est-ce que je fais?

Policier: Pas de problème, madame. Mangez des bananes!

Réponses page 147.

cinquante-neuf 59

3.7 Clic podcast

Rencontre avec… Axel

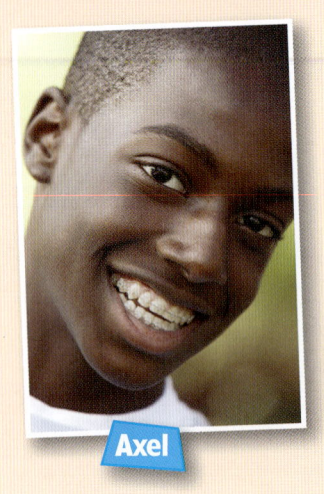

1 Écoute le podcast. Complète les réponses d'Axel.

1 **Tu as visité des pays étrangers?**
   Je suis allé…
2 **Tu es parti(e) en vacances l'année dernière?**
   Je suis…
3 **Tu es parti(e) avec qui?**
   Je suis…
4 **Tu es parti(e) quand?**
   Je suis…
5 **Tu es resté(e) combien de temps?**
   Je suis…
6 **Qu'est-ce que tu as fait?**
   J'ai…
7 **Qu'est-ce que tu as mangé?**
   J'ai…
8 **C'était comment, les vacances?**
   C'était…

2 À toi de répondre aux questions! (Invente si tu n'es pas parti(e) l'année dernière.)

3 À deux: préparez un podcast. Utilisez les questions 1–8.

Bien parler — *Intonation*

Intonation is all about how your voice goes up and down as you speak. The French don't tend to stress one syllable more than another in a word as we do in English.

1a Listen to the words on the right. Are they English (with a stressed syllable) or French (with equal stress)?

café • restaurant • transport • animal destination • football • piano • souvenir important • information

1b Try to say the French version of the words yourself, with equal stress.

Recognising intonation helps you understand what is being said: question, exclamation or statement.

2a Listen and note the different intonation.

2b Listen and identify. Write ?, ! or . for each of a–g.

3 À deux: A looks back through unit 3 and reads out a question, exclamation or statement with the correct intonation. B says which it is. (B→A)

Stratégies

Intonation for…

a statement	*Max est parti.*
a question	*Max est parti?*
an exclamation	*Max est parti!*

TEST

Tu sais tout? 3.7

1 Écoute!
Listen to Lucie and Enzo talk about their holidays. Give the following information for each in English.

- a Destination?
- b Date of departure?
- c Length of visit?
- d Activities?
- e How was it?

2 Parle!
Describe a day trip to Paris. Say:

- when you went
- who with
- what you did
- what you ate / drank
- whether or not it was interesting

3 Lis!
Read the text and write five facts about *La Cité de l'Espace* in English.

Exemple *The Cité de l'Espace is a... Its theme is... etc.*

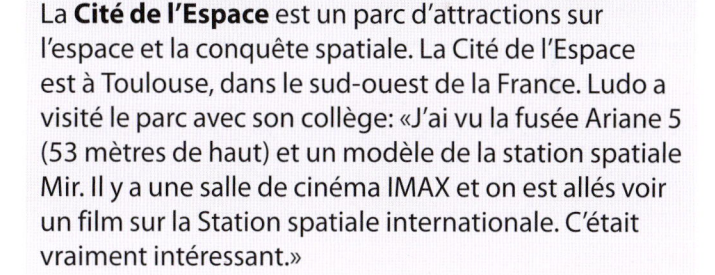

La **Cité de l'Espace** est un parc d'attractions sur l'espace et la conquête spatiale. La Cité de l'Espace est à Toulouse, dans le sud-ouest de la France. Ludo a visité le parc avec son collège: «J'ai vu la fusée Ariane 5 (53 mètres de haut) et un modèle de la station spatiale Mir. Il y a une salle de cinéma IMAX et on est allés voir un film sur la Station spatiale internationale. C'était vraiment intéressant.»

4 Écris!
Norbert is just back from his holiday. Use your imagination and write about it (+/- 70 words). Include the details below.

- where / when he went
- how long he stayed
- what he did
- what he ate / drank
- what he thought of it

Exemple *Norbert est allé... Il est monté... Il est sorti..., etc.*

soixante-et-un

3.8 Vocabulaire

Tu es allé(e) où?	*Where did you go?*
Je suis allé(e) à (Paris).	I went to (Paris).
Il est allé…	He went…
Elle est allée…	She went…
Je suis parti(e) en (France).	I went to (France).
avec mes parents	with my parents
Tu es parti(e) quand?	When did you leave?
Je suis parti(e)…	I left…
à six heures du matin	at six o'clock in the morning
samedi dernier	last Saturday
Tu es resté(e) combien de temps?	How long did you stay?
Je suis resté(e) toute la journée.	I stayed all day.
jusqu'à sept heures du soir	until seven in the evening
Je suis sorti(e)	I went out
Je suis rentré(e)	I came back
Je suis venu(e)	I came
Je suis arrivé(e)	I arrived

Qu'est-ce que tu as fait?	*What did you do?*
le matin	in the morning
le soir	in the evening
Je suis allé(e) au musée.	I went to the museum.
Je suis monté(e) au sommet de la tour Eiffel.	I went up the Eiffel Tower.
J'ai vu (tous les monuments).	I saw (all the monuments).
J'ai fait les magasins.	I went round the shops.
On a fait une promenade en bateau.	We went for a ride in a boat.
Je suis rentré(e) (en train).	I went back home (by train).

C'était comment?	*What was it like?*
C'était génial.	It was great.
J'ai bien aimé.	I liked it.
Je me suis bien amusé(e).	I had a good time.
Je ne me suis pas amusé(e).	I didn't have a good time.
Je me suis un peu ennuyé(e).	I was a bit bored.

Au Puy du Fou	*At the Puy du Fou*
un parc d'attractions	a theme park
un château	a castle
les Romains	the Romans
un gladiateur	a gladiator
un empereur	an emperor
les Vikings	the Vikings
les mousquetaires	the musketeers
un chevalier	a knight
un combat	a fight
une attaque	an attack
un spectacle	a performance, show
un spectateur	a spectator
les effets spéciaux	special effects
Un million de visiteurs ont visité…	A million people visited….
Il est entré / sorti.	He went in / out.
d'abord	first of all
ensuite / puis	then

Opinions	*Opinions*
C'est / C'était…	It is / It was…
très	very
vraiment	really
extrêmement	extremely
amusant	fun
beau	beautiful
désagréable	unpleasant
drôle	funny
ennuyeux	boring
extraordinaire	extraordinary
impressionnant	impressive
inoubliable	unforgettable
intéressant	interesting
nul	rubbish
passionnant	exciting
sensationnel	sensational
spectaculaire	spectacular
surprenant	surprising

On chante! 3.8

En vacances	On holiday
Je suis allé(e) en (France).	I have been to (France).
au Portugal	to Portugal
aux Pays-Bas	to the Netherlands
en Italie	to Italy
Tu es parti(e) avec qui?	Who did you go with?
Je suis parti(e) avec mes parents / ma copine.	I went with my parents / my friend.
Nous sommes allé(e)s...	We went...
à la montagne	to the mountains
au bord à la mer	to the seaside
J'ai mangé	I ate
J'ai bu	I drank

Qu'est-ce que tu as mangé / bu?	What did you eat / drink?
J'ai mangé des crêpes.	I ate pancakes.
le (gâteau) Kougelhopf	cake from the Alsace region
la salade	salad
la fondue	fondue
le couscous	a North African dish of semolina, meat and vegetables
la viande	meat
le poulet	chicken
les fruits de mer	seafood
les légumes	vegetables
le riz	rice
le thé (à la menthe)	(mint) tea

Quel voyage!

1 Je suis parti(e) de Paris.
Je suis arrivé(e) **à Tahiti**.

Refrain Je suis entré(e), je suis sorti(e),
Je suis allé(e), je suis venu(e),
Je suis monté(e), je suis descendu(e),
Je suis tombé(e) – aïe, aïe, aïe!
Je suis resté(e) deux jours au lit
et je suis rentré(e) à Paris.

2 Je suis parti(e) de Paris.
Je suis arrivé(e) **en Italie**.

[Refrain]

3 Je suis parti(e) de Paris.
Je suis arrivé(e) **en Australie**.

[Refrain]

4 Je suis parti(e) de Paris.
Je suis arrivé(e) **à Tripoli**.

[Refrain]

Je suis parti(e) de Tripoli.
Et je suis rentré(e) à Paris.

1 Lis et écoute. Les vacances se sont bien terminées? Pourquoi?

2 Relis. Dessine un symbole pour chaque verbe.

Exemple

↖ • Paris = Je suis parti(e) de Paris.

3 Chante avec le CD.

soixante-trois 63

Planète

Max, Joe et Nina font du shopping.
Nina adore le Goéland, un magasin de vêtements, rue Keller, dans le 11e arrondissement.

mode! 4

un T-shirt

une casquette

un sweat à capuche

Contexts:
Clothes and fashion

Grammar focus:
Gender and number

Beaucoup d'ados français mettent des vêtements de marque pour aller à l'école.

En France, les magasins de vêtements sont ouverts jusqu'à 19 heures ou 20 heures. Beaucoup ferment de midi à 14 heures et le dimanche, mais pas toujours dans les grandes villes.

1 Tu achètes tes vêtements où?

2 Fais un poster sur tes vêtements préférés.

Dessine ou colle des photos. Écris le nom des vêtements.

Visit Clic! OxBox

soixante-cinq

4.1 Trop beau, ce jean!

• Clothes I like

	1	2	3	4
a				
b				
c				

Les vêtements
a un pantalon   g une chemise
b un T-shirt   h une robe
c un short   i une veste
d un sweat à capuche   j des chaussettes
e un blouson   k des chaussures
f une jupe   l des baskets

1a Regarde le clip. Tu vois quels vêtements de la liste (à droite)?

Exemple *un sweat à capuche*

1b Regarde encore. Note les couleurs mentionnées.

2 Grammaire: révise les couleurs!
Look at the colour pyramid on the right. Why do you think the colours are grouped like that?

3 Écoute. C'est quelle photo?

Exemple *1 = 1c*

4 À trois: A décrit un vêtement. B et C écoutent. Le premier qui donne les références de la grille gagne!

Exemple   **A** *Un T-shirt rouge.*
          B/C *2c*

❶ orange
   marron

❷ blanc / blanche
   violet / violette

❸ rouge   jaune   rose

❹ noir / noire   gris / grise
   vert / verte   bleu / bleue

66 soixante-six

Trop beau, ce jean! 4.1

5a Écoute. C'est quel vêtement (page 66)? On aime un peu ☺, beaucoup ☺ ou pas du tout ☹? Note les expressions.

Exemple *1 = 3a, ☺, trop belle!*

5b Regarde *Dico du style* puis réécoute. Répète quand tu es d'accord. Imite l'intonation et fais les gestes!

5c Regarde le clip. Tu entends quelles expressions d'opinion? Tu vois quels gestes ou quelles expressions?

Dico du style

- à rayures
- uni
- à fleurs
- sans manches
- à carreaux
- à manches courtes
- à pois
- à manches longues

6 La classe (deux équipes) joue au *Morpion* sur la grille, page 66.
Play Three in a Row. To secure a square, use a phrase above, the right intonation and facial expression or gesture!

Exemple *Trop cool, cette robe rouge!*

7 Travaillez en groupes. Suivez les instructions A–D ci-dessous.

CONCOURS: dessinez un T-shirt pour la classe!

A Préparez un questionnaire sur le style préféré de la classe.

Exemple

Tu préfères quels T-shirts?
1 = ☹, 2 = ☺, 3 = ☺, unis? à rayures?, etc.

B Faites le sondage en classe.

Exemple
A *Tu aimes les T-shirts unis?*
B *Bof, les T-shirts unis, c'est pas terrible.*

C Dessinez le T-shirt. Inventez un motif/logo.

Le français Trop cool!

D Écrivez votre opinion sur les autres T-shirts. Donnez une note sur 10. La meilleure note gagne!

Exemple *On adore le T-shirt bleu blanc rouge à rayures. Le slogan est génial! [9/10]*

Comment dire...

1
C'est génial!
La classe!
Trop beau (belle) / cool!

2
C'est l'horreur!
C'est moche!
Trop nul(le)!

3
C'est pas mal.
C'est pas terrible!
Bof (pas top top)!

Visit Clic! OxBox

soixante-sept 67

4.2 C'est quoi, ton style?

• My favourite look

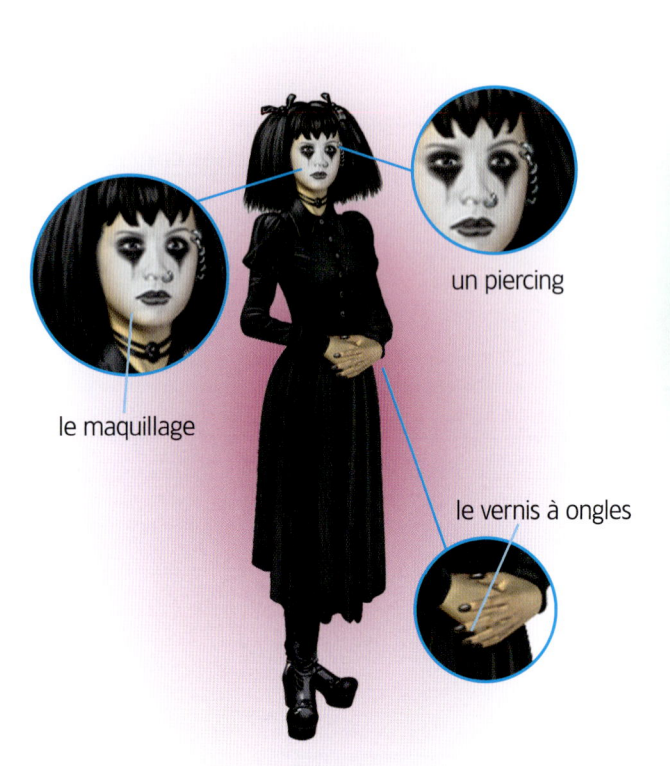

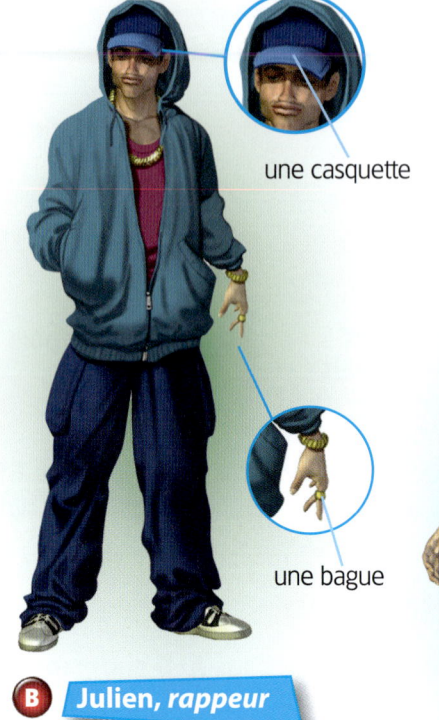

le maquillage
un piercing
le vernis à ongles

A Amélie, *gothique*

une casquette
une bague

B Julien, *rappeur*

des lunettes de soleil
un collier
des tongs

C Oscar, *surfeur*

1 Écoute. Qui parle (A–C)?

2 À deux: imaginez les réponses des deux autres aux questions 1–4.

3 Écoute. Fais des suggestions pour compléter les blancs!

Exemple *Le [beep] que j'aime, c'est… = Le style que j'aime, c'est…*

Grammaire

My, your, his, her

	my	your	his / her	
masculine	mon	ton	son	style
feminine	ma	ta	sa	tenue
plural	mes	tes	ses	tongs

4 Réponds aux questions pour toi.

La mode

1 C'est quoi, ton style préféré?
   Mon style préféré, c'est (le style gothique).
2 Tu mets quoi en général?
   En général, je mets (un pantalon noir, …).
3 C'est quoi, ta tenue préférée?
   Ma tenue préférée, c'est (des lunettes de soleil, un T-shirt,…).
4 C'est quoi, ta marque préférée?
   Ma marque préférée, c'est (Nike).

C'est quoi, ton style? 4.2

Quiz-mode: «Tu aimes la mode?»

Choisis la réponse pour toi.

1. Qu'est-ce que tu mets pour rester à la maison?
   - a Des vêtements très confortables!
   - b Mon T-shirt Armani et mon pantalon slim.

2. Qu'est-ce que tu mets pour aller à une fête?
   - a Je mets ce que* je veux.   *what
   - b J'appelle mes copains/copines pour choisir une tenue.

3. **Avoir un super look, c'est quoi pour toi?**
   - a C'est mettre ma tenue préférée.
   - b C'est mettre une tenue très mode*.   *latest fashion

4. **Ta grand-mère te donne 50 euros. Qu'est-ce que tu achètes?**
   - a Une nouvelle paire de baskets pour faire du sport.
   - b Des chaussettes et un T-shirt de marque.

Résultats
une majorité de 'a' = Tu aimes assez la mode!
une majorité de 'b' = Tu adores la mode!

4 Fais le quiz. Tu es d'accord avec le résultat?

5 À deux: inventez d'autres questions pour un sondage sur la mode.

Exemple *Qu'est-ce que tu mets pour aller au collège?*
  a *des chaussettes de Tesco*
  b *des chaussettes Armani*

a **Ce que** j'aime, c'est...
b **Ce que** je déteste, c'est...

6 **Grammaire:** complète les phrases du Top ou flop de la mode.

Exemple a *... les T-shirts de Top Shop.*
  b *... les pantalons baggy.*

Défi!

a À deux: A invente un nouveau style pour B! A décrit les photos avant / après.
b B donne son opinion sur le look! (B→A)

Exemple *Avant: Steven a les cheveux courts et blonds. Il porte une chemise blanche, qui n'est pas cool.*

Après: Steven a le style punk. Il a les cheveux rouges et bleus...

4.3 Je le prends!

- Shopping for clothes

1a Regarde le clip. Qu'est-ce que Joe achète?

2 Lis le mini-guide du shopping. Qui parle, le client / la cliente ou le vendeur / la vendeuse?

3 Écoute. C'est quelle photo (A–D)?

Stratégies

Note how there are several ways of saying the same thing.

Mini-guide du shopping

A Entre!
- Bonjour! Je peux vous aider?
- Merci, je regarde.

or

- Bonjour! Vous désirez?
- Je voudrais (un T-shirt).

B Choisis!
- J'aime bien (le short).
- Vous faites quelle taille?
- Je ne sais pas.
- Vous aimez quelle couleur?

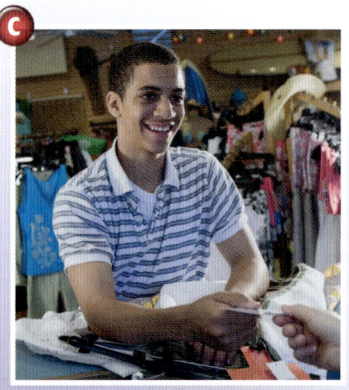

C Essaie!
- Vous voulez essayer? Les cabines sont là.

or

- Je peux essayer?
- Les cabines sont là, à gauche / à droite.

or

- Où sont les cabines, s'il vous plaît?
- Les cabines sont là, à gauche / à droite.

D Décide!
- Ça vous va? Vous le / la / les prenez?
- Ça me va. Je le / la / les prends.
- C'est combien?
- C'est 40 euros.
- Je ne le / la / les prends pas. C'est trop grand / petit / cher.

Je le prends! 4.3

Vendeur / Vendeuse	Client / Cliente
Je peux vous aider?	Je voudrais (un pantalon).
Vous désirez?	Merci, je regarde.
	J'aime bien (le pantalon vert).
Vous faites quelle taille?	Je ne sais pas. Taille (10)
Vous aimez quelle couleur?	Le (bleu).
Vous voulez essayer?	Merci. Je le / la / les prends.
Les cabines sont là, à gauche / droite.	C'est combien?
	Je ne le / la / les prends pas.
	C'est trop petit / grand / cher.

4 À deux: A est vendeur / vendeuse. B est client / cliente. Inventez une conversation. avec au moins huit expressions du mini-guide. N'oubliez pas la politesse! (*Bonjour, je vous remercie, au revoir*) (B→A)

Exemple **A** *Bonjour. Je peux vous aider?*
B *Bonjour. Oui, je cherche un T-shirt.*
A *Vous avez vu quelque chose? Etc.*

5 Écoute et aide un ami anglais qui veut acheter des baskets.

Défi!

a In pairs, write a scene in a clothes shop. Give the sales assistant / customer a personality (e.g. grumpy / pushy) and imagine a problem (e.g. item / colour / size not available).
b Perform your script to the class.
c Evaluate each other's performances, using the phrases on the right.

C'est amusant.   C'est trop court!
C'est un peu trop long!   Il faut parler plus fort!

6 **Grammaire:** lis les phrases. Les pronoms remplacent quels noms?

Les accessoires
1 On <u>les</u> met quand il fait froid.
2 On <u>l'</u>utilise* sur les cheveux.   *use
3 On <u>la</u> met quand il fait froid.
4 On <u>le</u> prend quand il pleut.

les gants   l'écharpe   le parapluie
la cravate   le gel   les boucles d'oreilles
les lunettes de soleil   le bonnet

Grammaire

Object pronouns
Pronouns replace nouns to avoid repetition.
The noun goes after the verb in French and in English.
J'aime le jean / la jupe / les baskets.
          object

I like the jeans / the skirt / the trainers.
⚠ In French, the pronoun goes before the verb.

Je le / la / les prends.   *I'll take it / it / them.*
    object

⚠ le / la > l' before vowel or h.

soixante-et-onze 71

4.4 C'était la mode!

• Childhood crazes; the imperfect tense

1 les scoubidous
2 les Tamagotchi
3 les Pokémon
4 le hula hoop
5 les Pogs
6 le Rubik's Cube

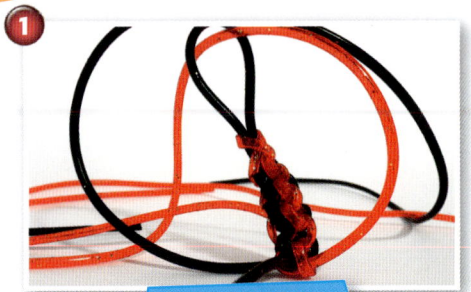

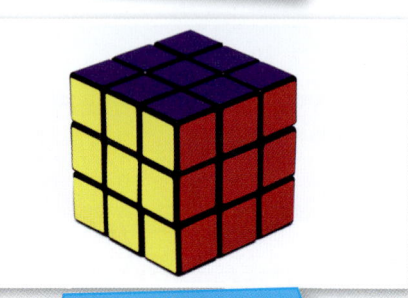

Quand j'étais petite, c'était la mode du [A], cette danse avec un cerceau*. C'était nul, je n'aimais pas ça! *hoop

Quand j'étais petit, c'était la mode des [B], ces petits ronds en carton. C'était très populaire, mais moi, je n'aimais pas trop ça.

Quand j'étais petite, c'était la mode des [C]. Pendant la récré, j'aimais faire des porte-clés* ou des animaux en plastique. C'était amusant! J'adorais ça! *keyrings

Quand j'étais petit, c'était la mode du [D], ce cube avec six couleurs. Tout le monde avait un cube! Moi, je détestais ça! C'était trop agaçant*. *irritating

Quand j'étais petite, c'était la mode des [E], ce petit jeu électronique avec un animal. C'était rigolo*! J'avais deux Tamagotchi et je les adorais! *funny

Quand j'étais petit, c'était la mode des [F], ces cartes avec des personnages. Mon préféré, c'était Pikachu! J'avais beaucoup de cartes! J'adorais ça!

1 Lis les bulles et regarde les photos. Remplace A–F par le nom des jeux 1–6.

2 Mets les jeux 1–6 dans l'ordre chronologique. Écoute et vérifie.

Exemple **1** le hula hoop

soixante-douze

C'était la mode! 4.4

3a Grammaire: recopie et complète la grille.
Using what you know about verb patterns, work out and complete what is missing in the grid.

	être	?	aimer
je/j'	étais	?	aimais
tu	?	?	?
il/elle	?	avait	?

3b Grammaire: what tenses are the verbs on page 72?
a present: describing what happens now
b perfect: describing what has happened in the past
c imperfect: describing what used to happen or how things were in the past

4a «C'était quoi la mode, quand tu étais petit(e)? C'était comment? Tu aimais bien ça?» Réponds.

Exemple

Quand j'étais petit(e), c'était la mode du Furby. Moi, j'avais un Furby gris. C'était rigolo et je l'aimais beaucoup!

Quand j'étais petit(e), c'était la mode du / de la / de l' / des…	
C'était	bien / rigolo / amusant / agaçant / super / génial / nul

4b Pose les questions en classe. Trouve une personne qui aimait la même chose que toi.

5 Pose les questions à des adultes. Écris leur réponse.

Exemples

Quand mon grand-père était petit, c'était la mode du frisbee. Il était super au frisbee et il adorait ça!

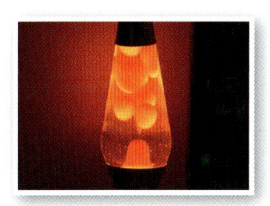

Quand ma mère était petite, c'était la mode des lampes à lave. Elle détestait ça!

Défi!

À deux: choisissez une époque (par exemple, les années 60).
a Faites des recherches sur Internet ou à la bibliothèque. Trouvez des images ou des objets.
b Préparez une présentation: expliquez ce qui était à la mode à cette époque-là.

Exemple *Dans les années soixante, la mode pour une fille, c'était les mini-jupes ou les robes courtes sans manches unies, à fleurs ou à rayures. Etc...*

soixante-treize 73

4.5 Labo-langue

Bien comprendre — *Gender matters*

Knowing the gender of a noun is knowing whether it is **masculine** or **feminine**.
Is it important to know? YES! Gender matters!

A Gender affects the ending of **some** nouns.

1 Copy the sentences, adding the missing endings.

a) Je suis vend***.
b) Je suis clien***.
c) Je suis vend***.
d) Je suis clien***.

B Gender affects words around nouns: the determiners and the adjectives.

2 Copy and complete the grid.

	a	the	this	my
m. sing.	un	le	ce	mon
f. sing.	?	?	?	?
pl.	?	?	?	?

3 Copy and fill in with the colour adjective *noir* in the correct form.

Pour aller à l'école, je mets un chapeau ***, une jupe ***, des chaussettes *** et des gants ***. J'aime être originale!

C Gender affects the past participle when *être* is used to make the perfect tense.

4 Complete the past participles with the correct endings.

1. On est all***, au cinéma voir un film sur les humains. Quelle horreur!
2. Moi, je suis all***, chez le dentiste! Super!
3. Je suis all***, faire du shopping!
4. On est all***, au fast-food!

74 soixante-quatorze

Labo-langue 4.5

D Gender affects the pronouns you use to replace the nouns.

5 Transform these sentences using the object pronoun in its correct form (*le, la* or *les*).

Example a *J'ai acheté le maillot et le short et je **les** mets tous les jours!*

a J'ai acheté le maillot et le short et je mets le maillot et le short tous les jours!
b La casquette? Je trouve la casquette super!
c J'ai les chaussettes et je mets les chaussettes quand je joue au foot.
d J'ai aussi le slip, mais on ne voit pas le slip!

Bien apprendre *Masculine or feminine?*

How do I know if a word is masculine or feminine?

- Always learn new words with a determiner (le/la, un/une).
- In a text, look for clues!

1 Masculine or feminine?

a Géniale, l'interview avec Jean-Paul Gaultier!
b C'est l'entrée principale du musée.
c Qui habite dans cette oasis?

- Some words are both masculine and feminine. The context or the words around them should make it clear which is which.

2 Which is feminine and which is masculine?

a Je vais chez mon dentiste ce soir.
b C'est l'adresse de notre nouvelle dentiste.
c Tu as visité cette grande tour à Paris?
d Tu as fait ce grand tour à Paris?

- There are typical masculine/feminine endings. You already know some.

Typical masculine endings:
-ement, -oir, -ier, -isme

Typical feminine endings (with exceptions!):
-ade, -tion, -sion, -ie, -ette

3 Find and write a word for each of these endings.

Example *un Algérien / une Algérienne*

-ien/-ienne   -teur/-trice   -eur/-euse   -er/-ère

4 Add *le* or *la*.

a *** tourisme   d *** miroir
b *** cahier   e *** limonade
c *** charcuterie   f *** réaction

soixante-quinze 75

4.6 En plus

La Tecktonik

Quoi?
C'est un look et une danse.

Quand?
Ce mouvement est né en 2000, à Paris.

Où?
La Tecktonik est partout: dans les clubs, à l'école, dans la rue! Il y a des 'battles' entre les danseurs mais les batailles ne sont pas violentes!

Comment?
Un Tecktoneur porte un jean slim, un T-shirt fluo, des baskets, des brassards noirs à motif ou des mitaines rayées. Il met du maquillage avec de grandes étoiles et boit du TCK, une boisson éhergisante.

1 Trouve le français dans l'article.
night clubs, dance, street, movement, battles, mitts, slim jeans, violent, fluorescent, dancers, arm bands

2 La Tecktonik, c'est quoi? Résume en anglais.

3 Tu aimes? Pourquoi? Donne ton opinion.

Clic s'amuse! 4.6

Sans blague!

Une cliente demande à la vendeuse:
- Je peux essayer cette robe dans la vitrine*?

*shop window

La vendeuse répond:
- Vous ne préférez pas l'essayer dans une cabine?

Trop cool, ta ceinture!

- Tu as une chaussette blanche et une chaussette noire, c'est bizarre!
- Oui! Et j'ai une autre paire exactement pareille à la maison!

Virelangue
Dis vite, très vite!

Regarde le gros rat gris à la cravate rouge!

La robe rose de Rosalie est ravissante!

Casse-tête: Qui suis-je?

J'étais grande avant d'être petite.

Vive les couleurs!

Complète les expressions avec les bonnes couleurs.

a être optimiste = voir la vie en ***
b la mer = la grande ***
c une tasse de café = un petit ***
d les extraterrestres = les petits hommes ***
e être triste = avoir des idées ***

Réponses page 147.

soixante-dix-sept 77

4.7 Clic podcast

Rencontre avec… Malika

Malika

1 Écoute le podcast. Note au moins deux détails dans les réponses de Malika.

1. Pour toi, c'est important d'être à la mode?
2. Qu'est-ce que tu aimes comme style?
3. Quelle est ta tenue préférée?
4. Qu'est-ce que tu mets pour aller au collège?
5. Tu aimes bien faire du shopping?
6. Tu achètes tes vêtements où en général?
7. Quelle est ta marque préférée?
8. C'était quoi la mode quand tu étais petite?

2 À toi de répondre aux questions!

3 À deux: préparez un podcast. Utilisez les questions 1–8.

Bien parler — *The French 'r'*

1 Listen very carefully to the words on the right, first in English then French. Then repeat.

2 How sharp is your hearing? Listen and note how many 'r' sounds you hear in each word.

robe	rose	rouge
car	euro	terrible
super	bar	encore

3a Try and say this!
Le gros rat gris entre dans la serrurerie par le trou de la serrure.

3b Make up your own tongue-twister using words with lots of 'r' sounds.

Stratégies

Tip!
To pronounce the French 'r', think of the Lo**ch** Ness monster!

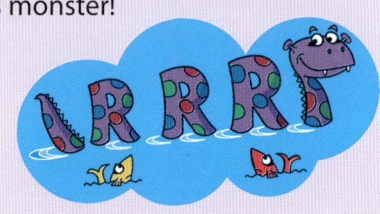

78 soixante-dix-huit

TEST

Tu sais tout? 4.7

1 Écoute!
Listen. Which clothes is Manu taking on holiday?
Make a note of the other items he's taking.

Exemple *2,...*

2 Lis!
Read the text and answer the questions.

Exemple **a** *during the sixties*

a When was the hippy look in fashion?
b Why were the boys and girls similar?
c What did the girls use to wear?
d What was the favourite style of shirt for the boys?
e What sort of accessories did the hippies have?

> Quand j'étais jeune, c'était la mode du look hippie. C'était le même look pour les filles et les garçons. On avait tous les cheveux longs. Les filles avaient une jupe longue à fleurs et une grande chemise indienne ou une robe longue très colorée avec une ceinture. Moi, j'aimais mettre un pantalon large uni avec une chemise longue à fleurs ou à rayures. J'aimais mettre des sandales et des bracelets indiens ou africains. J'adorais ce look. Voilà!

3 Parle!
Look at the photo and say five things to describe the look. Say what you like or dislike.

Exemple *Le style que j'aime, c'est...*

4 Écris!
Find a photo of a celebrity and write 60 words about him / her. Include the details below and the pronoun *le / la / l' / les* at least twice.

- his / her style and the clothes he / she is wearing
- whether you think it suits him / her
- what you like / dislike about his / her style

soixante-dix-neuf 79

4.8 Vocabulaire

Les couleurs	*Colours*
marron	brown
blanc / blanche	white
violet / violette	purple
rouge	red
rose	pink
jaune	yellow
noir / noire	black
gris / grise	grey
vert / verte	green
bleu / bleue	blue

Les vêtements	*Clothes*
un pantalon	(a pair of) trousers
un jean	(a pair of) jeans
un short	(a pair of) shorts
un sweat à capuche	a hooded top
un blouson	a bomber-style jacket
une jupe	a skirt
une chemise	a shirt
une robe	a dress
une veste	a jacket
des chaussettes	(a pair of) socks
des sandales	(a pair of) sandals
des chaussures	(a pair of) shoes
des baskets	(a pair of) trainers

Accessoires	*Accessories*
une cravate	a tie
une écharpe	a scarf
un bonnet	a woolly hat
les gants	(a pair of) gloves
un parapluie	an umbrella
le vernis à ongles	nail varnish
le maquillage	make-up
une casquette	a (baseball) cap
un piercing	a piercing
une bague	a ring
des lunettes de soleil	(a pair of) sunglasses
un collier	a necklace
des tongs	(a pair of) flip-flops

Mon opinion	*My opinion*
J'adore!	I love it!
Je déteste!	I hate it!
C'est l'horreur!	It's horrible!
C'est moche!	It's awful!
trop beau / belle / cool / nul	really beautiful / cool / naff
bof, (pas top top)	not great
C'est pas terrible.	It's not that great.
C'est pas mal.	It's not bad.
La classe!	Classy!
C'est nul.	It's naff.
à rayures	stripey
à fleurs	flowery
à carreaux	checked
à pois	spotty
uni	plain
sans manches	sleeveless
à manches courtes	short-sleeved
à manches longues	long-sleeved

Mon style	*My style*
Qu'est-ce que tu aimes comme style?	What sort of look do you like?
Qu'est-ce que tu mets en général?	What do you wear generally?
Quelle est ta tenue préférée?	What's your favourite outfit?
Quelle est ta marque préférée?	What's your favourite make / brand?
Le style que j'aime, c'est le style…	The style I like is the style…
En général, je mets…	In general I wear…
Ma tenue préférée, c'est…	My favourite outfit is…
Ma marque préférée, c'est…	My favourite brand is…

4.8

Au magasin	In the shop
Vous désirez? / Je peux vous aider?	Can I help you?
Non, merci, je regarde.	No thanks, I'm just looking.
Je voudrais…	I'd like…
Quelle taille?	What size?
Je ne sais pas.	I don't know.
Vous voulez essayer?	Would you like to try on?
Je peux essayer?	Can I try on?
Où sont les cabines?	Where are the fitting rooms?
Ça vous va?	Does it fit you?
Ça me va.	It fits me.
Vous le / la / les prenez?	Will you take it / them?
Je le / la / les prends.	I'll take it / them.
Je ne le / la / les prends pas.	I won't be taking it / them.
C'est combien?	How much is it?
C'est trop grand / petit / cher.	It's too large / small / expensive.

Avant	Before
Quand j'étais petit(e), c'était la mode de…	When I was young, …was / were in fashion.
C'était nul.	It was awful.
C'était amusant.	It was amusing.
C'était rigolo.	It was funny.

La valise des vacances

C'est l'été, les vacances et je pars en voyage.
C'est l'été, les vacances et tu fais tes bagages.
Qu'est-ce que je prends pour partir?
Il faut bien réfléchir.

Ta casquette bleu foncé*? *dark blue
Mets-la dans ma valise!
Ton pantalon rayé?
Mets-le dans ma valise!
Tes lunettes de soleil?
Mets-les dans ma valise! *Yeah yeah yeah*

C'est l'été, les vacances et je pars en voyage.
C'est l'été, les vacances et tu fais tes bagages.

Ta p'tite chemise à fleurs?
Mets-la dans ma valise!
Ton bermuda bleu clair*? *light blue
Mets-le dans ma valise!
Tes deux paires de baskets?
Mets-les dans ma valise! *Aïe aïe aïe*

Ça n'va pas, ma valise, je n'peux pas la fermer.
Ça n'va pas, ta valise, tu dois recommencer.

Ma casquette bleu foncé?
Sors-la de ta valise!
Mon pantalon rayé?
Sors-le de ta valise!
Mes lunettes de soleil?
Sors-les de ta valise!
Ma p'tite chemise à fleurs?
Sors-la de ta valise!
Mon bermuda bleu clair?
Sors-le de ta valise!
Mes deux paires de baskets?
Sors-les de ta valise!

1 Lis et écoute. Ferme le livre. Note les vêtements/accessoires de mémoire!

2 Trouve les synonymes:
- tu fais ta valise
- penser
- refaire

3 Chante avec le CD!

quatre-vingt-un 81

Jeunes.ch

quatre-vingt-deux

ampions 5

Le vendredi soir, à Paris, des milliers de jeunes font du roller à travers la ville. C'est impressionnant!

Contexts:
Sport and a healthy lifestyle

Grammar focus:
Negatives

En France, depuis 2007, il y a *Orange sports TV*. On peut regarder cette chaîne sportive sur un portable (compatible TV), sur Internet ou à la télé.

1 Regarde et lis. On voit quels sports du sondage sur les photos?

2 Fais un A–Z des sports. Utilise un dictionnaire pour t'aider.
Exemple A comme athlétisme, B comme badminton,…

Sondage: Quel est ton sport préféré?
- 19% le football
- 12% la danse
- 10% le tennis
- 9%   l'équitation
- 8%   la natation
- 6%   le handball
- 5%   le rugby
- 4%   la gymnastique
- 3%   le volleyball
- 24% autres

5.1 Ça bouge!

• Body and sports

Les parties du corps

le	bras
	cou
	dos
	genou
	menton
	nez
	pied
	ventre
la	bouche
	jambe
	main
	tête
l'	épaule
	oreille
les	cheveux
	doigts
	yeux (un œil)

Tony Parker

1 Regarde la photo et écris les parties du corps.

Exemple 1 = *la tête*

2 À deux: jouez. (B→A)
Play 'Read my lips.' **A** mouths the name of a part of the body. **B** says the word aloud and points to the right part.

3 Écoute et prends des notes. Qui a vu le monstre: A, B ou C?

Grammaire

Plural nouns

The general rule is to add an **-s** (**un pied, deux pieds**) but not always:
  un bras – deux bras
  un nez – deux nez
  un genou – deux genoux
  un cheveu – des cheveux
  un animal – des animaux

See also page 131.

un œil > deux yeux

4 **Grammaire: lis** *Plural nouns* **(à droite).**

a Trouve les règles pour ces pluriels irréguliers.
b Donne le pluriel: *un pays, un manteau, un cheval, une oreille, une souris*

84 quatre-vingt-quatre

Ça bouge! 5.1

5 Discutez: Quelles parties du corps utilise-t-on surtout pour...?
  a jouer au football   b jouer de la trompette   c jouer à un jeu vidéo

Exemple a *Pour jouer au football, on utilise les jambes,...*

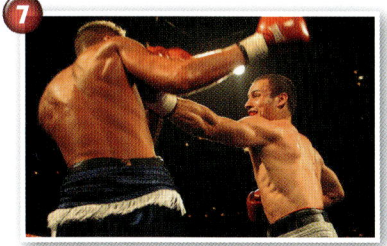

6a Lis et trouve le nom des neuf sports illustrés.

> Le sport, ce n'est pas uniquement le football. Tu fais quels sports? Pourquoi ça te passionne? Écris-nous si tu fais du canoë ou de l'équitation. Ou peut-être fais-tu du yoga, de la gymnastique ou de la natation? Est-ce que tu préfères jouer au ping-pong, faire du patinage ou de la boxe?

jouer à:	Je joue **au** football.
	Je joue **à la** pétanque.
faire de:	Je fais **du** yoga.
	du canoë.
	du patinage.
	du ping-pong.
	de la boxe.
	de la gymnastique.
	de la natation.
	de l'équitation.

6b Écoute et note les numéros des photos dans l'ordre mentionné.

Exemple 9,...

6c Tu fais quels sports? Joue au Morpion.
Play Three in a Row with the sports photos. Make a sentence starting with *Je* to place your counter.

Exemple *Je fais de la gymnastique.*

6d **Grammaire:** trouve dans le texte quatre exemples différents de questions.

quatre-vingt-cinq 85

5.2 Fais du sport!

• What sports I do and when

1 Regarde le clip. Note les sports mentionnés.

Marion, 13 ans:
Salut, tout le monde! J'ai deux questions:
1 Quels sont les sports que tu pratiques? (où? quand? avec qui?)
2 Quels sont les sports que tu aimerais* faire?   *would like

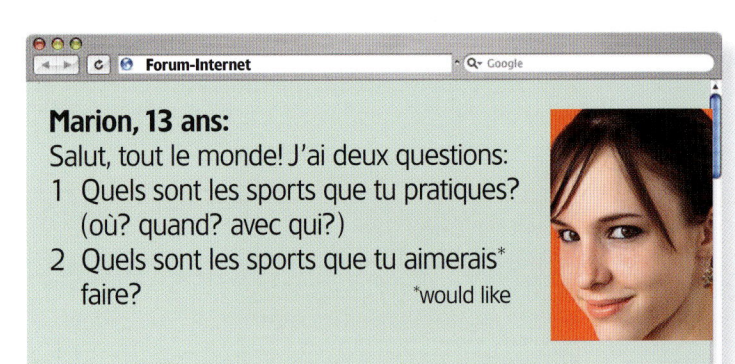

Karim, 13 ans:
Salut! Moi, je fais du judo une fois par semaine, le mercredi après-midi. Le judo, c'est mon sport préféré. Je fais du judo dans un club.
Le dimanche matin, quand il fait beau, je joue au foot avec mes copains. On ne va pas au stade: on joue dans la rue. Je ne sais pas faire de surf, mais j'aimerais bien apprendre*.   *to learn

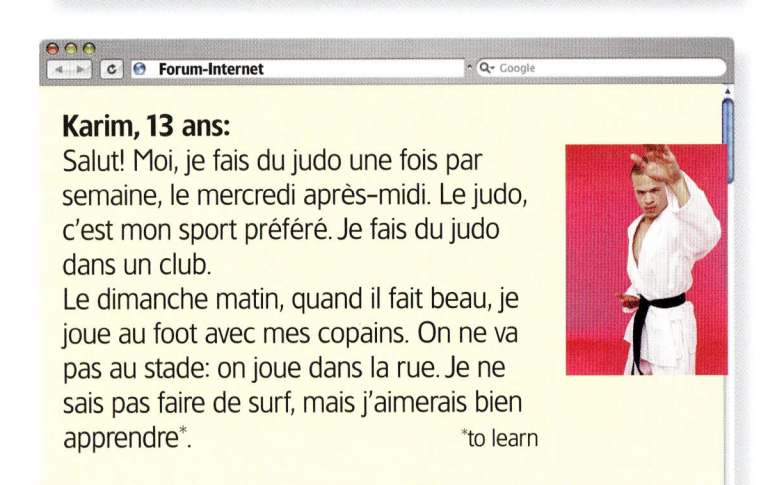

Savoir v pouvoir

Use *savoir* to say you can do something if you mean 'to know how to':

Je ne sais pas faire de surf. = I can't surf. (I don't know how to surf.)
Je ne peux pas faire de surf. = I can't surf (I know how to surf but I'm not allowed to.)

Stratégies

When?
le mercredi après-midi = *on Wednesday afternoons*
le dimanche matin = *on Sunday mornings*
quand il fait beau = *when the weather's nice*

Use phrases like these to make what you say and write more interesting and precise.

2 Lis et réponds.

a Quel sport est-ce que Karim préfère?
b Est-ce qu'il fait ça régulièrement? Quand? Où?
c Quand est-ce qu'il joue au foot? Où? Avec qui?
d Il aimerait faire quel sport?

86 quatre-vingt-six

Fais du sport! 5.2

Alizé, 14 ans:
Je ne suis pas très sportive mais je fais du jogging tous les jours. Je joue aussi au ping-pong de temps en temps et j'aime bien. Je joue avec ma copine le week-end parce qu'elle a une table de ping-pong dans son garage. Je n'ai jamais fait d'équitation mais j'aimerais bien parce que j'adore les chevaux.

Stratégies

How often?

**tous les jours / régulièrement
une / deux / trois fois par semaine
de temps en temps
pas souvent
ne… jamais**

More useful phrases for making longer sentences!

3 Lis et écoute le message d'Alizé et choisis 1 ou 2 pour compléter les phrases.

a	Alizé goes jogging	**1**	every day	**2**	once a week.
b	She plays table-tennis	**1**	regularly	**2**	from time to time.
c	She plays	**1**	at school	**2**	at her friend's house.
d	She	**1**	has never been horse-riding	**2**	often goes horse-riding.

4 Qui est le plus sportif? Écoute 1–6 et prends des notes.

Exemple *1 musculation – une fois par semaine*

5 À deux: A pose les questions de Marion. B est Karim ou Alizé et répond. Vous pouvez fermer le livre et répondre de mémoire? (B→A)

6 Tu pratiques souvent ces sports?

Exemple *Je fais du skateboard de temps en temps.
Je n'ai jamais fait de skateboard.*

le skateboard
le vélo
le ski
la natation
le foot
la gym
le tennis
le jogging
le ping-pong

Je fais	du sport	régulièrement
		le week-end
		tous les jours
Je joue	au foot	(une) fois par semaine
		de temps en temps
Je ne fais pas souvent	de	sport
Je ne fais	pas	d'	équitation
	jamais		
Je n'ai jamais fait			
J'aimerais	faire du sport	parce que…

7 À toi de répondre aux questions de Marion (+/- 60 mots).
Use expressions of time and frequency when writing your own answers.

Visit **clic! OxBox**

quatre-vingt-sept 87

5.3 Futur(e) champion(ne)?

- Daily routine and healthy lifestyle

Jeu-test

As-tu l'esprit d'un(e) champion(ne)?

1 Le matin, tu te réveilles plein(e) d'énergie?
- a Oui, tous les jours!
- b De temps en temps. Ça dépend.
- c Non, je ne suis jamais plein(e) d'énergie le matin.

2 Tu t'intéresses aux activités sportives?
- a J'adore le sport: c'est mon activité principale.
- b Je fais du sport pour m'amuser.
- c Non, je ne m'intéresse pas au sport.

3 Tu vas participer à un championnat de tennis. Est-ce que tu t'entraînes régulièrement?
- a Oui, je me prépare pour le match: je m'entraîne pendant deux heures tous les jours.
- b Je m'entraîne quand j'ai le temps.
- c Je ne m'entraîne pas. Je préfère regarder la télé.

4 Avant un match, qu'est-ce que tu manges?
- a Je prends un bon petit déjeuner et je bois de l'eau.
- b Je mange des chips et je bois du soda.
- c Je ne mange rien.

5 Quand est-ce que tu te couches?
- a Je me couche avant 10 heures tous les soirs.
- b Je me couche avant 10 heures en semaine.
- c Je ne me couche jamais avant minuit.

6 Est-ce que tu t'endors facilement?
- a Je m'endors toujours immédiatement.
- b Normalement, je lis un peu avant de dormir.
- c Non, je ne m'endors jamais facilement: je suis trop stressé(e).

1 Lis et fais le jeu-test.

Tes réponses
Une majorité de 'a': Tu as la mentalité d'un(e) champion(ne). Continue!
Une majorité de 'b': Si tu veux être champion(ne), un peu plus d'effort!
Une majorité de 'c': Futur(e) champion(ne)? C'est peu probable.

Futur(e) champion(ne)? 5.3

2 Écoute et note les réponses de Christophe.

Exemple *1c,...*

3 Grammaire: dans le jeu-test, trouve comment dire en français:

a do you wake up?   b I don't train.
c are you interested?   d I go to bed.
e I go to sleep.   f I get myself ready.

4 Écoute Rachel et Mehdi et prends des notes en anglais. Qui a le plus de chance d'être champion(ne)?

Exemple *Rachel: wakes up at 7am*

5 Écris une phrase complète pour donner ta réponse aux questions a–d.

Exemple *Je me réveille à sept heures et demie.*

À quelle heure est-ce que...
a tu te réveilles?   c tu te couches?
b tu te lèves?   d tu t'endors?

6 Grammaire: recopie les phrases. Remplace les infinitifs avec la bonne forme du verbe.

Exemple *Tu [s'amuser] au centre sportif?* →
Tu t'amuses au centre sportif?

a David veut être champion alors il [**s'entraîner**] tous les jours.
b Je [**se réveiller**] à sept heures tous les matins.
c Tu [**se coucher**] déjà?
d Nous [**se préparer**] pour le match.
e On ne [**s'amuser**] pas à la maison.

Grammaire

Reflexive verbs *(les verbes pronominaux)*
These have a pronoun between the subject and the verb:
subject + pronoun + verb
je   me   couche = *I go to bed*.

The pronoun changes to match the subject it goes with:
tu **te** couches
il/elle/on **se** couche
nous **nous** couchons
vous **vous** couchez
ils/elles **se** couchent

Me, **te** and **se** change to **m'**, **t'** and **s'** before a vowel or an h.

To make a reflexive verb negative:
je **ne** m'entraîne **pas**
tu **ne** te couches **pas**
nous **ne** nous amusons **jamais**

See also page 142.

Défi!

What do you do to live a healthier life? Compare with a partner. Together agree on the best three and present them to the class.

Exemple *Je me couche avant dix heures tous les jours.*
Je ne mange pas de chips... etc.

Je m'entraîne		le week-end
Je fais	du sport / de la natation etc.	le samedi matin
Je joue	au tennis / foot	
		tous les jours
		une fois par semaine
Je mange des fruits / légumes...		
Je vais au collège à pied		
Je me	réveille	à (dix heures)
	couche	
Je	ne	fume pas
		mange pas de chips / frites / gâteaux...
		bois pas de soda / d'alcool...

quatre-vingt-neuf 89

5.4 Champions de France

• Profile of a French sporting champion

Nom:	Cornet
Prénom:	Alizé
Nationalité:	française
Date de naissance:	22 janvier 1990
Lieu de résidence:	Nice, France
Taille:	1,73 mètre
Poids:	60 kilos
Frères/sœurs:	un frère, Sébastien
Langues parlées:	français et anglais
Couleur préférée:	le bleu
Sport préféré:	le tennis

1a Écris des questions pour avoir les réponses de la fiche. (Voir *Bien apprendre*, page 93).

Exemple *Comment tu t'appelles?*

1b Écoute les questions de Paméla et compare.

1c À deux: A interviewe B avec les questions de 1a. (B→A) Vous avez combien de points communs?

> Comment?
> C'est quoi, ton poids?
> Tu as combien… ?
> C'est quoi, ton / ta…?
> Tu es né(e) quand?

2a Lis. Trouve les noms qui manquent.
a ??? est alpiniste. Elle est la première Française au sommet de l'Everest. En plus, elle est montée sur le plus haut sommet de chaque continent.
b ??? est championne de gymnastique artistique. Elle a atteint la meilleure place jamais obtenue par une gymnaste française dans l'histoire des Jeux Olympiques.
c ??? est la star de l'escrime* française. Cette sportive, née en Guadeloupe, est double championne olympique et déjà six fois championne du monde.

*fencing

Marine Debauve    Laura Flessel-Colovic    Christine Janin

2b Explique en anglais ce que tu as appris sur ces championnes.

quatre-vingt-dix

Champions de France 5.4

Allez, Monfils!

Gaël Monfils est un grand joueur de tennis français. Il est né le 1er septembre 1986 à Paris. Il a commencé à jouer au tennis à quatre ans et il n'a jamais arrêté. En 2002, il est devenu champion de France des 15/16 ans. En 2004, il a gagné le titre de champion du monde junior. En 2004, il est passé professionnel et en 2005, il est entré dans le top 50.

En 2008, la saison n'a pas été facile pour Monfils. Il s'est qualifié pour les demi-finales au tournoi de Roland-Garros à Paris mais il n'a pas battu Roger Federer.

Un jour, il va sûrement devenir le numéro un. Il a toutes les qualités: la motivation, la détermination, la passion... et un service qui peut dépasser 200 km/h!

3 Écoute et lis l'article. Pense à deux adjectifs pour décrire Gaël Monfils.

4 Lis et termine les phrases.

a Gaël Monfils was born...
b He first started playing tennis...
c In 2004,...
d In 2005, he...
e At Roland-Garros in 2008,...
f Four things that will help him be number one in the future: his...

5 Décris un(e) champion(ne) de sport de ton pays (+/- 100 mots). Qu'est-ce qu'il/elle a fait?

Il/Elle est devenu(e) champion(ne)...
Il/Elle a participé à...
Il/Elle a gagné...
Il/Elle a battu...

Grammaire

The perfect tense with *avoir* and *être*

avoir / *être* + past participle

J'ai tu as il/elle/on a	mang**é**	ending doesn't change
je suis tu es il/elle/on	all**é(e)**	ending changes
nous sommes vous êtes ils/elles sont	all**é(e)s**	

Visit clic! OxBox

quatre-vingt-onze 91

5.5 Labo-langue

Bien comprendre — Negatives

▲ To make sentences negative, put **ne** in front of the verb and **pas** after it:

(ne → n' if the verb starts with a vowel or h)

▲ Other negatives work in the same way:

ne... rien = *nothing, not anything*
Elle ne mange rien. = *She doesn't eat anything.*

ne... jamais = *never, not ever*
Il ne fume jamais. = *He never smokes.*

ne... personne = *no one, nobody, not anyone*
Tu n'écoutes personne. = *You don't listen to anyone.*

▲ What if...?
- the verb is reflexive?
  Answer: put **ne** in front of the **reflexive pronoun** and **pas** after the verb:
  Je **ne me** couche **pas**.

- it's a perfect tense verb?
  Answer: put **ne** in front of the **auxiliary verb** and **pas** after it:
  Il **n'est pas** allé au stade.

- it's verb + infinitive?
  Answer: put **ne** in front of the **first verb** and **pas** after it:
  On **ne va pas** jouer demain.

Cher Pierre

En automne, j'ai déménagé* à Dieppe et je ne m'amuse pas. Je ne fais rien. Je ne sors jamais parce que je ne connais personne. Que faire?   *I moved

Sophie

1 Find all the negatives in the letter. What do they mean?

2 Make these sentences negative. Use *jamais* or *rien* instead of *pas* where possible.

Example Je vais au stade. → Je ne vais jamais au stade.

a Je joue avec mon copain.
b Paul a mangé à midi.
c Les joueurs s'entraînent tous les jours.
d Tu te réveilles à six heures?
e Mon frère va faire partie de l'équipe*.   *be in the team
f J'ai vu le match dimanche.

3 Translate into English.

a Ils ne sont pas allés aux Jeux Olympiques.
b Je n'ai rien gagné.
c Tu n'as jamais joué au badminton?
d Vous ne connaissez personne?
e Je ne me suis jamais couchée à dix heures.
f Ma mère ne va jamais faire de ski.

92   quatre-vingt-douze

Labo-langue 5.5

▲ After a negative, *du*, *de la*, *de l'* and *des* change to *de* (or *d'* in front of a vowel or silent h):

Je fais **du** judo. → Je ne fais pas **de** judo.
Max fait **de la** natation. → Max ne fait pas **de** natation.

4 Finish these answers.

Example *Luc fait du ski? Non, il ne fait pas de ski.*

a Tu fais du karaté? *Non, je...*
b Laura fait du foot? *Non, elle...*
c On va faire du vélo? *Non, on...*
d Il boit de l'eau? *Non, il...*
e Tu manges des chips? *Non, je...*
f Elle fait du skate demain? *Non, elle...*
g Je vais faire de la gym? *Non, tu...*
h Ton frère va faire de l'exercice? *Non, il...*

Bien apprendre *Asking questions*

Useful question words
1 Qui?
2 Quoi?
3 Combien?
4 Où?
5 Quand?
6 Pourquoi?
7 Comment?
8 Quel / Quelle / Quels / Quelles?

Remember how to ask a question:

1 **add a question mark to a statement:** Elle aime le ski?
2 **start with *est-ce que*:** Est-ce qu'elle aime le ski?
3 **reverse the subject and verb, adding a hyphen:** Veux-tu jouer au foot? **(and sometimes a 't' to help pronunciation):** Aime-t-elle le ski?
4 **with a question word:** Pourquoi elle aime le ski?

⚠ **You can usually combine a question word at the beginning of a question with question types 2 or 3:**

Quand est-ce qu'elle fait du ski?
Quand fait-elle du ski?

Use question type 1 if the question word is at the end of the question:

Elle fait du ski quand?

1 Match the answers below to the question words opposite.

a Maintenant!   e Toi!
b Parce que...   f En bus.
c Ici.   g 300.
d Ça.   h Le rouge.

2 Put the words in the correct order to make sentences.

a Pourquoi aimes tu le foot?
b Qui tennis joue au?
c Tu où habites?
d Est-ce aimes tu que les animaux?
e Tu de combien as frères?
f Tu combien de langues parles?

3 Write at least two possible questions for each answer.

Example *Je vais au stade.* → *Tu vas où? / Où vas-tu? / Où est-ce que tu vas?*

a J'ai **trois** frères.
b Ils s'entraînent **le samedi matin**.
c Elle fait **du patinage et du vélo**.
d Je joue au foot **avec mes copains**.
e Je mange **un sandwich**.

4 Write 10 questions for a survey to see if your classmates keep fit and healthy.

quatre-vingt-treize 93

5.6 En plus — Qu'est-ce que tu as?

Ah non, j'ai mal aux pieds!

Pff, j'ai chaud. Aaaargh, j'ai mal au ventre... j'ai envie de vomir!

Oh là là, j'ai mal à la tête. Et j'ai mal au dos... c'est affreux!

Ouiiiiiiiille! Je me suis coupé au doigt... regarde.

Aïe, aïe, aïe! Je me suis cassé la jambe. J'ai besoin d'un médecin.

Alors, c'était bien la randonnée*? *hike

Oui, super! Mais les autres n'étaient pas sympa avec moi... je ne comprends pas pourquoi!

1 Lis et trouve comment dire:

my feet are sore • my back hurts • I've got a headache • I'm hot • I feel sick • I've broken my leg • I've cut my finger • I need a doctor • I've got a pain in my stomach

2 À deux: A mime un problème et B devine.

Exemple
A mimes having a sore knee
B *Tu t'es coupé au genou?*
A *Oui, je me suis coupé au genou.*

3 Écris.
Imagine you ache all over. Write a sick note to your French teacher using lots of *avoir* expressions.

---

avoir mal

Not everything translates literally from one language to another. These expressions using *avoir* are a good example:

	masc.	fem.	pl.
J'ai mal	**au** dos.	**à la** jambe.	**aux** yeux.
	= my back aches	= my leg hurts	= my eyes are sore

94 quatre-vingt-quatorze

Clic s'amuse! 5.6

Ça veut dire quoi?
Relie.

1 Il a la grosse tête.
2 Il a un cœur d'or.
3 Il a les jambes en coton.
4 Il claque des dents.
5 Il l'a sur le bout de la langue.

a He has it on the tip of his tongue.
b He's big-headed.
c His teeth are chattering.
d His legs are like jelly.
e He has a heart of gold.

Virelangue
Dis vite, très vite, trois fois:

C'est Kiriri qui rit.

Casse-tête
Les noms de certains sports populaires en France sont des mots étrangers.

Parmi ces sports, trouve:
- 3 d'origine japonaise
- 3 d'origine britannique
- 1 d'origine espagnole

le football   le judo

le karaté   la corrida   le hockey

le jogging   l'aïkido

Qui suis-je?
1 J'ai deux têtes, trois jambes, six pieds et quatre bras. Qui suis-je?
2 Je siffle*, mais je n'ai pas de bouche.
Je cours*, mais je n'ai pas de jambes.
Je frappe, mais je n'ai pas de mains. Qui suis-je?

*whistle
run

Ne me fais pas rire!

Hé Toto, on joue au football. Tu veux jouer 'avant'?

Euh… je préfère jouer en même temps que vous.

Réponses page 147.

quatre-vingt-quinze 95

5.7 Clic podcast

Rencontre avec... Moussa

1 Écoute le podcast. Complète les réponses de Moussa.

1 **Quel est ton sport préféré?**
   Mon sport préféré, c'est...
2 **Quelles parties du corps utilise-t-on pour ce sport?**
   On utilise surtout...
3 **Tu pratiques quels autres sports? Quand?**
   Je fais...
4 **Tu regardes souvent le sport à la télé?**
   Oui, je regarde le sport...
5 **À quelle heure est-ce que tu te réveilles?**
   Je me réveille...
6 **Qu'est-ce que tu manges à midi?**
   Je mange...
7 **Quand est-ce que tu te couches?**
   Je me couche...
8 **Quelles sont tes bonnes résolutions pour garder la forme*?**   *to keep fit
   Je vais...

2 À toi de répondre aux questions!
Give your own answers to the questions.

3 À deux: préparez un podcast. Utilisez les questions 1–8.

Bien parler *Tricky sounds*

When pronouncing new French words, remember that some letters and letter-combinations are not the same as in English.

1a Read the words in box 1 in English.

Box 1
chance • champion • maths • marathon
quart • question • motivation • nation

1b Listen to the same words read in French. Work out the pronunciation rules for the sounds:

a ch   c qu
b th   d ion

1c Try to say the French version of the words yourself.

2a Work out how to pronounce the words in box 2.

Box 2
a un chiffre   e la qualité
b un cauchemar   f le Mexique
c le thon   g la communication
d entre parenthèses   h conditionnel

2b Listen to check.

3 You have three minutes. Look back through unit 5 and find examples of each of these sounds. Make a list of the words. When time is up, read your list to your partner. Do you have any he/she does not?

quatre-vingt-seize

TEST   Tu sais tout?   5.7

1 Écoute!
Listen to Jannick. Note the sports he's tried and the part of the body that hurts afterwards.

Exemple 1 = *le basket – la main*

2 Parle!
Say how often you do each of these sports, using each of the expressions below at least once. Add an opinion too.

Exemple *Je joue au football une fois par semaine, le jeudi soir. Je joue au centre sportif avec mes copains. C'est amusant.*

every day   2 x a week   1 x a week
from time to time   never

3 Lis!
Note in English five things Nathalie does that are part of a healthy lifestyle and five things that are not.

Je me couche à neuf heures et demie tous les soirs alors je me réveille pleine d'énergie.

Le matin, je prends un bon petit déjeuner et ensuite, je vais au collège à pied.

Je ne mange rien à midi. Je mange un paquet de chips tous les jours à quatre heures et je bois du soda. Je ne bois jamais d'eau.

Tous les week-ends, je mange un hamburger et des frites.

Je n'aime pas le sport au collège mais je fais de la natation deux fois par semaine et je fais du jogging de temps en temps.

4 Écris!
Write at least five things you plan to do to keep fit and healthy, and when / how often.

Exemple *Je fais du yoga tous les jours avant le collège. Je me couche...*

quatre-vingt-dix-sept 97

5.8 Vocabulaire

Quel est ton sport préféré? — *What is your favourite sport?*

l'athlétisme	athletics
la boxe	boxing
le canoë	canoeing
la danse	dance
l'équitation	horse-riding
le football (*or* le foot)	football
la gymnastique (*or* la gym)	gymnastics
le handball	handball
le jogging	jogging
la musculation	bodybuilding
la natation	swimming
le patinage	skating
le ping-pong	table tennis
le rugby	rugby
le skateboard	skateboarding
le ski	skiing
le surf	surfing
le tennis	tennis
le yoga	yoga
Je joue au tennis.	I play tennis.
Je fais du yoga.	I do yoga.
Je fais de la natation.	I go swimming.

Les parties du corps — *Parts of the body*

le bras	arm
la bouche	mouth
le cou	neck
le doigt	finger
le dos	back
l'épaule	shoulder
le genou	knee
la jambe	leg
la main	hand
le menton	chin
le nez	nose
l'oreille	ear
le pied	foot
la tête	head
le ventre	stomach
les cheveux	hair
les yeux (un œil)	eyes (one eye)

Tu fais du sport quand? — *When do you do sport?*

Quels sont les sports que tu pratiques?	What are the sports that you do?
Je fais du judo le mercredi après-midi.	I do judo on Wednesday afternoons.
tous les jours	every day
une fois par semaine	once a week
deux fois par semaine	twice a week
de temps en temps	from time to time
quand il fait beau	when the weather's nice
quand j'ai le temps	when I have time
(pas) souvent	(not) often
Je ne joue jamais au foot.	I never play football.
Quels sont les sports que tu aimerais faire?	What are the sports that you would like to do?
J'aimerais jouer au rugby.	I'd like to play rugby.
Je sais faire du ski.	I can ski.
Je ne sais pas faire de surf.	I don't know how to surf.

Ma journée — *My day*

À quelle heure tu te réveilles?	What time do you wake up?
Je me réveille à sept heures.	I wake up at seven o'clock.
Qu'est-ce que tu manges le matin?	What do you eat in the morning(s)?
Je prends un bon petit déjeuner.	I eat a good breakfast.
Je ne mange rien.	I don't eat anything.
Je bois de l'eau.	I drink water.
Je m'intéresse aux activités sportives.	I'm interested in sporting activities.
Quand est-ce que tu te couches?	When do you go to bed?
Je me couche à dix heures.	I go to bed at ten o'clock.
Je ne me couche pas avant minuit.	I don't go to bed before midnight.

On chante! 5.8

Champion(ne)s	Champions
Il/Elle a commencé à jouer…	He/She started playing…
Il/Elle n'a jamais arrêté.	He/She never stopped.
Il/Elle est devenu(e) champion(ne).	He/She became a champion.
Il/Elle a gagné le titre de champion(ne) du monde junior.	He/She won the title of Junior World Champion.
Il/Elle est passé(e) professionnel(le).	He/She turned professional.
Il/Elle s'est qualifié(e) pour les demi-finales.	He/She qualified for the semi-finals.
Il/Elle n'a pas battu…	He/She did not beat…

Les négations	Negatives
ne… pas	not
ne… rien	nothing
ne… jamais	never

Je suis le champion!

Refrain: Le sport, j'adore
Et je suis fort
Tu sais ce que j'aime faire?
Il est le champion!

1 Je ne joue pas au rugby
Je n'ai jamais fait de ski
Mais en skateboard, ah oui
En skateboard, je suis le champion!

[Refrain]

2 Je n'fais pas de canoë
Je n'ai jamais fait de plongée
Mais en skateboard, ah oui
En skateboard, je suis le champion!

[Refrain]

3 Je n'aime pas la natation
Je ne joue pas au badminton
Mais en skateboard, ah oui
En skateboard, je suis le champion!

Je suis le champion!
Je suis le champion!
Je suis, je suis, je suis le champion!

À toi!

?

Look at the photo. Use words from the vocabulary list to imagine what this person is saying.

1 Lis et écoute. Trouve tous les sports et donne l'équivalent en anglais.

Exemple *le rugby = rugby*

2 Chante avec le CD.

3 À deux: inventez d'autres couplets.

quatre-vingt-dix-neuf 99

Entre

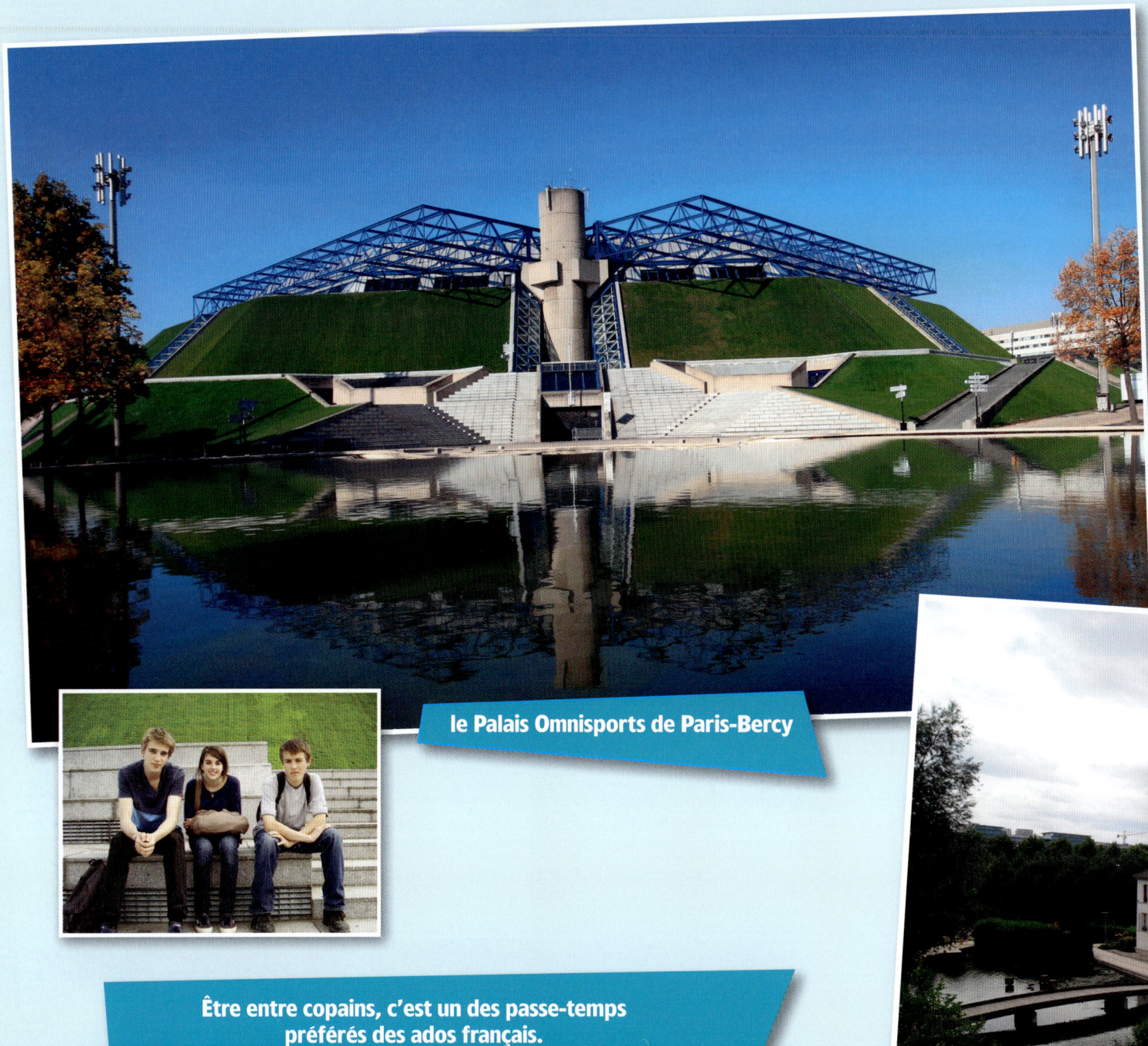

le Palais Omnisports de Paris-Bercy

Être entre copains, c'est un des passe-temps préférés des ados français.

* * *

Incroyable mais vrai!
Les devoirs, un passe-temps? Oui, pour 7% des élèves français!

copains 6

Max, Nina et Joe sont au Parc de Bercy, dans le 12e arrondissement. C'est un lieu de rendez-vous pour les jeunes à Paris.

À Bercy, il y a:
- une salle omnisports et de concerts
- des jardins avec pelouses, fontaines et sculptures
- un cinéma
- des magasins ouverts le dimanche
- et des restaurants

Context:
Free time with friends

Grammar focus:
Using pronouns

1 Il y a quoi pour les jeunes dans ta ville? Fais une affiche!

2 Fais trois phrases sur tes passe-temps préférés:

J'aime bien...
J'aime beaucoup...
J'adore...

6.1 Le temps libre

• Free time

1a Regarde le clip. Où sont Max, Nina et Joe? Tu vois quels sports?

1b On parle de quels passe-temps (A–J)? Quelles autres activités sont mentionnées?

A écouter de la musique
B faire du sport
C lire (livres, magazines, BD)
D faire du shopping
E sortir avec des copains / copines
F aller sur Internet
G regarder la télévision
H discuter avec des copains / copines (Internet, téléphone)
I aller au cinéma
J jouer à des jeux vidéo

2 Sondage: les jeunes Français et le temps libre. Écoute et note les résultats dans l'ordre.

Exemple *8 = E*

3 Faites un sondage en classe: «Qu'est-ce que tu fais pendant ton temps libre?» Comparez les résultats.

- **A** Qu'est-ce que tu fais pendant ton temps libre?
- **B** Je vais au cinéma et je fais du sport.
- **C** Moi, je sors avec des copains.

Stratégies

Useful words to make a sentence
adjectives: *sympa*,...
adverbs (quantifiers, frequency, etc.): *très*,...
pronouns: *moi*,...
linking words: *et*,...

102 cent deux

Visit clic! OxBox

Le temps libre 6.1

4a Écoute. Qui parle (A–J, page 102)?

4b Réécoute. Tu entends quoi?
1. **Je joue à FIFA** a de temps en temps b tous les jours.
2. a Je fais du judo b Je fais de la danse **le soir après l'école**.
3. **J'écoute** a tout le temps b assez souvent **la radio**.
4. a J'achète souvent des b Je n'achète jamais de **vêtements**.
5. **Je lis** a très souvent b assez souvent **des magazines**.

tous les jours
souvent
de temps en temps
(ne)... jamais
une / deux fois par semaine

4c Adapte les phrases 1–5 pour faire des phrases vraies pour toi.

Exemple *Je ne joue jamais à FIFA.*

5a Lis le message d'Alex sur son temps libre et devine les mots qui manquent.

Pendant mon temps libre, je fais beaucoup d'activités! J'adore la *** alors je joue du violon, environ une heure *** les soirs et je *** dans un orchestre le samedi après-midi. Je prends aussi des cours de guitare électrique une *** par semaine et je fais partie d'un groupe de rock: je joue de la guitare le jeudi midi à l'école. En plus, je fais beaucoup de ***: je *** de la natation et je *** au handball. Je fais partie d'une *** de hand. On *** le mercredi après-midi et on a des matchs le dimanche matin. Par contre*, le dimanche après-midi, je ne fais ***!

*par contre = on the other hand

Alex, 13 ans

C'est quand?

5b Écoute et vérifie.

6 Écris un texte sur tes passe-temps comme Alex.

7 Jeu d'équipe: choisissez une photo (A–J, page 102). L'équipe A fait une phrase, l'équipe B ajoute un élément, etc. Faites la phrase la plus longue possible.

Exemple *Photo I*
A *Je vais au cinéma.*
B *Je vais souvent au cinéma.*
A *Je vais souvent au cinéma le week-end.*
B *Je vais souvent au cinéma le week-end parce que...*

cent trois 103

6.2 L'argent de poche

• Pocket money

Enquête sur l'argent de poche

1 Est-ce qu'on te donne de l'argent de poche?
2 Qui te donne de l'argent de poche?
3 Combien est-ce qu'on te donne?
4 Qu'est-ce que tu dois faire?

Voici les réponses de quatre jeunes.

A Raphaël, 12 ans: Mes parents me donnent dix euros d'argent de poche quand je travaille bien au collège ou quand j'aide à la maison. J'aide aussi ma grand-mère de temps en temps et elle me donne dix euros mais ce n'est pas beaucoup!

B Morgane, 12 ans: Ma mère me donne 20 euros par mois et mon père 10 euros par semaine. Ils me donnent un peu d'argent pour mon anniversaire. Ils ne me donnent rien quand j'ai de bonnes notes, ou quand j'aide à la maison mais j'ai assez d'argent.

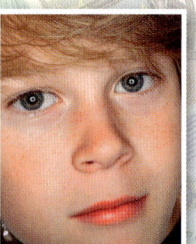

C Chloé, 15 ans: Mes parents ne me donnent jamais d'argent, sauf à Noël. Alors je dois faire un petit boulot* le samedi après-midi. J'aide ma cousine dans un centre équestre et on me donne 50 euros par mois. C'est bien payé et en plus j'adore les chevaux!

*small job

D Simon, 13 ans: Mes parents me donnent 40 euros tous les mois. De temps en temps, ils me donnent aussi un 'bonus', quand j'ai bien travaillé au collège ou quand j'ai aidé à la maison. J'ai 50 euros par mois, c'est bien!

1 Lis l'article. Qui est content de son argent de poche?

2a Lis les définitions. Qui est-ce?

  a Ses parents ne **lui** donnent pas d'argent.
  b Ses parents **lui** donnent entre 40 et 50 euros tous les mois.
  c On **leur** donne de l'argent pour le travail scolaire. (2 personnes)
  d On **leur** donne de l'argent comme cadeau. (2 personnes)

2b À deux: A donne une autre définition (avec *lui/leur*). B devine. (B→A)

Exemple **A** *On lui donne de l'argent à Noël.*
         B *C'est Chloé.*

Grammaire

To me / you / him / her / them

Mes parents	me	donnent de l'argent de poche.	to me
	te		to you
	lui		to him / her
	leur		to them

Ma mère me donne 10 euros par mois.
My mother gives me 10 euros per month.

104 cent quatre

L'argent de poche 6.2

3 Écoute. Qui parle: Chloé, Morgane, Raphaël ou Simon?

4 À toi de répondre (entre 50–60 mots) aux questions de l'enquête, page 104.

5 Regarde le tableau et écoute Morgane. Note ses réponses.
Exemple 1 ✓; 2 ✗, etc…

Mes parents / On etc.	me donne(nt)	(10) livres par mois / semaine. de l'argent de poche. de l'argent pour mon anniversaire / Noël.
On / Ils etc.	ne me donne(nt)	pas d'argent. rien.

Des CD et des DVD? Oui, j'en achète! ✓

Des magazines ou journaux? Non, je n'en achète pas. ✗

Qu'est-ce que tu achètes avec ton argent de poche?

Tu achètes…?	oui
des CD/téléchargements MP3, DVD	53,7%
des magazines ou journaux	48,8%
des jeux vidéo	43,7%
des places de cinéma	37,8%
des places de spectacles/concerts	34,5%
des sucreries	31%
des accessoires de mode	27,4%
des livres	26%
des vêtements	19,4%
des affaires d'école	13%

6 Grammaire. À deux: **A** pose les questions et **B** répond. (B→A)

Exemple **A** *Tu achètes des CD et des DVD?*
B *Oui, j'en achète.*
Non, je n'en achète pas.

7 Fais un sondage sur l'argent de poche en classe. Comparez vos réponses au hit-parade.

Qu'est-ce que tu achètes souvent avec ton argent de poche?
Qu'est-ce que tu achètes de temps en temps avec ton argent de poche?
Qu'est-ce que tu n'achètes jamais avec ton argent de poche?

8a Écoute le quiz (1ère partie). Note les questions et tes réponses (a, b ou c).

8b Écoute les réponses (2ème partie) et vérifie.

Grammaire

Pronoun *en* = some / any

Tu achètes des CD?
Oui, j'**en** achète. = *Yes, I buy some.*
Non, je n'**en** achète pas. = *No, I don't buy any.*

(See page 114 to understand what these arrows mean.)

Visit **clic! OxBox**

cent cinq 105

6.3 Vive les copains!

- My friends and me

1 Regarde le clip. C'est qui la meilleure amie de Max? Pourquoi? C'est qui le meilleur ami de Nina? Pourquoi?

Test-amitié
Pense à un(e) ami(e) et choisis les phrases qui vous correspondent.

1
Nous avons
- ● exactement les mêmes goûts.
- ■ plus ou moins les mêmes goûts.
- ◆ des goûts très différents.

2
Nous faisons
- ● tout ensemble.
- ■ certaines choses ensemble.
- ◆ peu de choses ensemble.

3
Nous nous téléphonons
- ◆ de temps en temps.
- ■ le soir après l'école.
- ● plusieurs fois par jour.

4
Quand nous sortons, c'est toujours
- ● tous/toutes les deux ensemble.
- ■ avec un(e) ou deux autres ami(e)s.
- ◆ en bande.

5
Nous nous offrons des cadeaux
- ◆ assez rarement.
- ■ pour Noël et nos anniversaires.
- ● très souvent.

6
Nous nous disputons…
- ◆ assez souvent.
- ■ de temps en temps.
- ● presque jamais.

7
Je lui fais confiance
- ◆ mais c'est une erreur!
- ■ en général.
- ● à 100%.

8
Je lui raconte tout
- ● et il/elle sait garder le secret.
- ■ mais il/elle raconte tout aux autres.
- ◆ par contre il/elle ne me raconte rien.

9
Nous sommes ami(e)s
- ◆ depuis le collège.
- ■ depuis l'école primaire.
- ● depuis l'école maternelle.

Commentaires:
- ● une majorité de ●: Ton ami(e) est sans doute ton/ta meilleur(e) ami(e). Vous êtes inséparables!
- ■ une majorité de ■: Ton ami(e) est un(e) bon(ne) copain/copine; vous avez beaucoup de choses en commun.
- ◆ une majorité de ◆: Tu aimes la compagnie de ton ami(e) mais c'est juste un(e) copain/copine, pas ton/ta meilleur(e) ami(e).

106 cent six

Vive les copains! 6.3

2a Lis le test. What is it about?

2b Lis le test. Trouve le français:
the same tastes; together; several times; as a group; we argue; I trust him/her; I tell him/her; since

2c À deux: faites le test. Vous êtes d'accord avec le commentaire?

3 Écoute Malika et note ses réponses au test. Lucie est-elle juste une copine, une amie ou sa meilleure amie?

4a Lis ce que Paul dit sur son ami. Réponds en anglais.
How different are they from each other? Does that matter? Why?

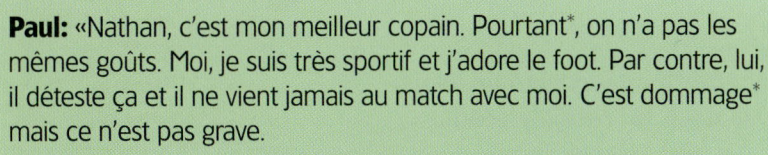

Malika et Lucie

Paul: «Nathan, c'est mon meilleur copain. Pourtant*, on n'a pas les mêmes goûts. Moi, je suis très sportif et j'adore le foot. Par contre, lui, il déteste ça et il ne vient jamais au match avec moi. C'est dommage* mais ce n'est pas grave.

Moi, j'aime le rap; lui, il est musicien et il préfère la musique classique. Chez lui, il écoute Mozart. Il va souvent à des concerts... sans* moi! Lui, il est toujours à la mode et il adore faire du shopping, et moi, je déteste ça. La mode, ça ne m'intéresse pas.

On est très différents mais on s'entend* super bien.

On se dit tout et on se fait confiance. Il est toujours là pour moi et je suis là pour lui. C'est ça, un vrai ami!»

pourtant = yet
c'est dommage = it's a shame
sans = without
on s'entend bien = we get on

Paul et Nathan

4b À deux: jouez au ping-pong avec des pronoms toniques.

Exemple **A** *Moi, j'aime la musique. Je joue...*
B *Moi, je regarde la télé. J'adore...*

4c À deux: comparez
A *Lui, il aime la musique. Il joue...*
B *Elle, elle regarde la télé. Elle adore...*

5 Adapte le texte pour Nathan. Attention aux pronoms!

Exemple *Nathan: «Paul, c'est mon meilleur copain. Pourtant, on n'a pas les mêmes goûts. Lui, il est très sportif et il adore le foot. Par contre, moi, je...»*

6 Écris un texte sur ton / ta meilleur(e) ami(e).
Utilise le vocabulaire du test et du texte de Paul.

Grammaire

Emphatic pronouns
Use the pronoun for emphasis or contrast:
(je) **moi**   (nous) **nous**
(tu) **toi**   (vous) **vous**
(il) **lui**   (ils) **eux**
(elle) **elle** (elles) **elles**
Moi, j'aime lire. **Toi**, tu aimes ça?
Elle, elle fait tout. **Lui**, il ne fait rien.

Use the pronoun after:
pour – C'est pour moi.
avec – Je sors avec lui.
chez – On va chez elle?
sans – Pas sans toi!

Visit clic! OxBox

cent sept 107

6.4 Une mégafête internationale

• Organising an event

Notre projet

Notre classe de 5ème propose d'organiser une mégafête internationale. Nous allons faire huit équipes (A–H). Chaque équipe va avoir un rôle différent.

Avant la fête:
- L'équipe A va contacter le directeur, les profs, des sponsors, etc.; demander la permission de faire la fête; décider où et quand.
- L'équipe B va préparer des affiches et des invitations.
- L'équipe C va faire des décorations pour la salle.
- L'équipe D va préparer un buffet international, avec des spécialités de différents pays.
- L'équipe E va organiser une boum avec de la musique.
- L'équipe F va faire des mini-leçons pour apprendre à dire «*bonjour, au revoir, merci, je m'appelle, etc.*»
- L'équipe G va préparer un quiz.
- L'équipe H va présenter des sports de différents pays.

Pendant la fête:
Nous allons tous porter des vêtements aux couleurs des drapeaux ou des vêtements typiques des pays (par exemple, kimono, sari).

Après la fête:
- L'équipe A va ranger le gymnase et remercier les sponsors.

c)  Quelle est la nationalité de M. Yamato?

Grammaire

The future
aller + infinitive

Je **vais**
Tu **vas**
Il/elle/on **va**
Ils/Elles **vont**

On va ranger.

1 Lis le projet de *Mégafête internationale*. Mets les images (a–i) dans l'ordre du texte.

Exemple 1 = i

Une mégafête internationale 6.4

2 Regarde la liste à droite. C'est le rôle de quelle(s) équipe(s)?

Exemple **a** = équipe A

3a Écoute. On parle de quoi (a–f)? Note les exemples donnés.

Exemple 1 = f = sandwichs au concombre, etc.

a get permission, decide where and when, find some money
b decorate the hall
c organise activities
d publicity
e tidy up the hall and thank people
f sort out the food

4 Lis les messages après la fête. Ils parlent de quelles activités?

1 J'ai essayé le japonais. J'étais très bon et j'ai bien aimé! Je vais apprendre le japonais! Sayonara!

2 J'ai essayé le cricket. Je n'ai pas vraiment aimé. C'est dommage. Par contre, j'ai bien aimé le baseball, mais j'étais nul!

3 J'ai goûté à* l'Apfelstrudel et au crumble aux pommes. J'ai bien aimé, surtout le crumble. C'était très bon. Je vais en faire chez moi!
*tasted/tried

4 Je n'ai pas trouvé toutes les bonnes réponses mais je me suis bien amusé*!
*I had fun

5 J'ai essayé de nouvelles danses comme la salsa. Je me suis bien amusée!

5a Lis et complète les verbes dans le compte-rendu* de la fête.
*review

5b Écoute et vérifie.

Compte-rendu

Notre classe de 5ème a organisé une mégafête internationale le 30 juin, dans le gymnase du collège. C'était fan-tas-tique!

Avant la fête, nous ** ** le directeur, les profs et des sponsors.

Nous ** ** des affiches et des invitations pour la publicité. Il y avait des décorations super pour la salle (des drapeaux et des collages de photos des différents pays).

Pendant la fête, nous ** ** des vêtements aux couleurs des drapeaux ou des vêtements typiques des pays. C'** génial! Il y ** un buffet international, avec des spécialités de différents pays. C'** très, très bon. Il y ** une boum avec de la musique de différents pays. C'** super. Il y ** aussi des mini-leçons de langues et des présentations de sports de différents pays qui ont eu beaucoup de succès. Nous avons tous adoré le quiz sur la nationalité des invités. Après la fête, nous ** ** le gymnase et nous ** ** les sponsors.

Nous nous sommes bien amusés. Nous ** faire une autre mégafête internationale l'année prochaine!

Grammaire

The perfect tense with **avoir**
J'**ai**   mang**é**
Tu **as**   dans**é**
Il/Elle/On **a**   essay**é**
Ils/Elles **ont** jou**é**
                   aim**é**

Défi!

Organise your own International Festival! Work in groups and put in a bid. Prepare a proposal in French, give as much detail as possible and be convincing!

- **mention where and when**, e.g. *On propose le 13 juillet, entre 12 heures 30 et 13 heures 30, dans la cour / la salle de français.*
- **mention all the different activities**, e.g. *Nous allons faire un concours* de chansons en français.*   *competition
- **mention who does what**, e.g. *L'équipe A va contacter la directrice.*

6.5 Labo-langue

Bien comprendre *Pronouns*

A pronoun is a small word you can use to replace other words to avoid repetition. There are several types of pronouns (A–F).

A A subject pronoun is the 'who' or 'what' doing the action described by the verb:

je	nous
tu	vous
il	ils
elle	elles
on	

on = we or they
il is used in set phrases
il est midi; il pleut
il y a...; il faut; s'il te plaît

B Indirect object pronouns

- Mes parents donnent de l'argent de poche *(à moi)*.
  Mes parents **me** donnent de l'argent de poche.
  me is an 'indirect' object pronoun because the verb is followed by **à**: *donner à*...
- Les parents de Luc donnent de l'argent **à Luc**.
  Les parents de Luc **lui** donnent de l'argent *à Luc*.
- Les parents de Lucie donnent de l'argent **à Lucie**.
  Les parents de Lucie **lui** donnent de l'argent *à Lucie*.

See Labo-langue, page 110.

C An emphatic pronoun is used:

- **after some prepositions**, e.g. *Je viens avec toi. C'est pour lui.*
- **to emphasise certain words**, e.g. *Toi, tu... mais lui, il...*
- **after c'est...**, e.g. *C'est moi qui commence.*

Moi, je...
Often used together to answer the question: *Et toi?*
Simply translate as: I...

1 Fill in the subject pronouns and explain which words they replace.

Exemple *je = moi / Luc*

«Salut, c'est moi, Luc! Ce soir, *** vais à la fête d'Éric. *** a invité 25 copains chez lui! *** sont sympa, ses parents! *** allons jouer à des jeux organisés par sa mère. *** a de bonnes idées. Nous, *** s'amuse toujours bien aux fêtes d'Éric. *** sont très sympa! Et toi, Paul, *** fais des fêtes avec tes copains? Qu'est-ce que *** faites?»

2 Fill the gaps with me / te / lui / leur.

a Ils sont sympa, tes copains. Tu *** dis bonjour pour moi, d'accord?
b Alicia n'est plus ma copine et je ne *** parle plus.
c Antoine a un père sympa. Il *** donne 50 euros.
d Tu es chez toi ce soir? Je vais *** téléphoner à 20 heures.
e Tu me connais bien. Tu peux *** faire confiance!

3 Match the beginnings and endings correctly. (See section C on page 110.)

1 Julien, c'est mon ami.
2 Je déteste le foot.
3 Tu adores le shopping!
4 Voici ma copine Lisa.
5 Ma grand-mère est cool.
6 J'ai deux sœurs.

a J'aime bien aller chez <u>elle</u>.
b Pas <u>moi</u>!
c Et <u>toi</u>, tu aimes ça?
d Je fais du shopping avec <u>elles</u>.
e C'est <u>lui</u> qui téléphone le soir!
f J'ai des cadeaux pour <u>elle</u>.

110 cent dix

Labo-langue 6.5

D **A reflexive pronoun** is used with reflexive verbs and comes in front of the verb.
Je **me** lave. Tu **t'**entraînes? Il **se** lève à 6 heures.
Je **ne** me lave **pas**.
(See unit 5.)

E **The pronoun 'en'** replaces *un / une / des* + a noun or *de* + a noun. It means *some, any* or *not any*.
It goes in front of the verb.
Des DVD, tu **en** as beaucoup?

4 Finish the sentences, using 'en'.

Exemple *J'en achète.*

a Tu achètes du pain? Oui,…
b Tu veux de la pizza? Oui,…
c J'ai des BD. Toi, tu…?
d Tu as des CD. Moi, je n'…

Bien apprendre — *Improve your written work*

A Make what you write more interesting. Make longer sentences by using:

a **pronouns:** moi • lui /elle • le/la/les • en • qui, *etc.*
b **linking words:** mais • et • parce que • par contre, *etc.*
c **time expressions:** souvent • de temps en temps • jamais, *etc.*
d **qualifiers:** assez • beaucoup • très

B Remember to give your opinion (in the past too).

☺ j'adore
😐 c'est pas terrible
☹ c'était l'horreur!

C Also try and use different time words and different tenses when appropriate.

Hier, j'ai fait…;
Aujourd'hui, je fais…;
Demain, je vais faire…

1 Improve this answer by using the advice in **A**, **B** and **C**! Add any other interesting facts.

Q: Qu'est-ce que tu fais pendant ton temps libre?

A: Je joue du piano. Je ne suis pas bon.

Example *Je joue **de temps en temps** du piano. J'aime bien **mais** moi, je ne suis pas **très** bon! **Hier**, j'ai joué un peu mais c'était nul! **Demain, je vais jouer longtemps** avec mon père, **qui** est un **très** bon musicien. J'aime ça.*

2 Try and improve these answers. Remember the **A**, **B** and **C**!

a Je fais de l'équitation. J'ai un cheval.
b Je fais du shopping avec des copines.
c Je joue aux Sims sur la PS3. C'est mon jeu préféré.

3 Write a personal answer to the question about your free time (about 50 words).

6.6 En plus

Vive la fête!

C'est quoi, une fête d'anniversaire réussie?

Alicia:
Le week-end dernier, je suis allée à la fête d'anniversaire de Sandrine, une copine. C'était une fête simple entre copines et c'était génial! D'abord, on a bien mangé (sa mère nous a fait des spaghetti bolognaise et un super gâteau au chocolat). On a discuté et on a écouté de la musique. Puis, on a fait des jeux et ensuite, on a regardé des DVD. On s'est super bien amusées!

Pierre:
La semaine prochaine, je vais fêter mes 13 ans et j'ai invité mes meilleurs amis! Pour une bonne fête, il faut des amis qui s'entendent tous bien! Il y a des filles et des garçons, et on va se déguiser. Ça va être amusant! Je vais mettre différentes musiques (sixties, rock, techno) et on va danser toute la soirée! Pour manger, on va faire un buffet de pizzas et de gâteaux. On va bien s'amuser!

Mathieu:
Je suis allé à une super fête le mois dernier chez mon cousin. C'était très sympa: j'ai rencontré plein de gens*, des copains de mon cousin. On a joué à la Wii. C'était rigolo! On a aussi joué au foot dans le jardin et le soir, on a regardé des films d'action. Génial! J'ai adoré! On est tous restés dormir mais on a beaucoup discuté et pas beaucoup dormi!

*I met a lot of people

1 Read and find:
last weekend; a girlie party; next week; we'll celebrate; I'll invite; we'll dress up; it will be cool; last month; we've celebrated; it was cool; I loved it; we had a sleepover; we didn't sleep much

2 Lis. Tu préfères quelle fête? Pourquoi?
Exemple *Je préfère la fête de Sandrine, parce que j'aime les fêtes simples entre copines!*

3 Relis. Quels sont les ingrédients mentionnés pour faire une fête réussie?
Exemple *bien manger...*

cent douze

Clic s'amuse! 6.6

Ça veut dire quoi?

Lis l'expression. Choisis la bonne réponse.

Le meilleur ami de l'homme, c'est…
- a le chien
- b le chat
- c le cheval

Casse-tête international: Qui suis-je?

On me trouve en France, en Irlande et en Angleterre.
Je n'existe pas en Grèce, ni en Suisse, ni en Belgique.
Mais on me voit plusieurs fois au Danemark, en Allemagne et aux Pays-Bas.
Qui suis-je?

Proverbes

Complète les proverbes français sur l'argent avec le bon mot.

1 *Bad debts make bad friends.*
Les bons comptes font les bons ***.
- a copains
- b amis

2 *Money doesn't grow on trees.*
L'argent ne tombe pas ***.
- a du ciel
- b des arbres

3 *Money won't buy you happiness.*
L'argent ne fait pas ***.
- a le malheur
- b le bonheur

Réponses page 147.

Virelangue
Dis vite, très vite!

Les amis des ennemis de ton ennemi sont-ils tes amis?

Un ver vert verse un verre vers Anvers.

Sans blague!

C'est samedi. La maman de Toto lui donne son argent de poche.

«Voilà ton argent de poche, Toto. Qu'est-ce que tu dis?»
«Euh… Ce n'est pas assez.»

Le sais-tu?

L'argent de poche par an en Europe

Grande-Bretagne	£775
Suède	£697
Pays-Bas	£575
France	£442
Allemagne	£438
Italie	£341
Espagne	£310

6.7 Clic podcast

Rencontre avec… Sandrine

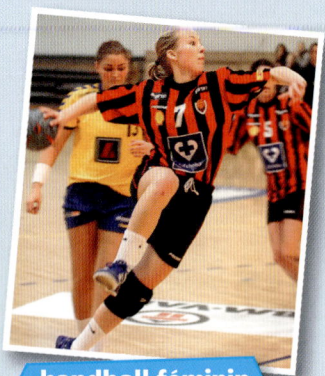

Sandrine

handball féminin

Bénévole dans un refuge de la SPA (Société Protectrice des Animaux)

1 Écoute le podcast. Note au moins deux détails pour chaque réponse de Sandrine.

1 Qu'est-ce que tu fais pendant ton temps libre à la maison?
2 Quels sont tes passe-temps préférés?
3 Tu as de l'argent de poche? Qui t'en donne et combien?
4 Qu'est-ce que tu dois faire pour avoir de l'argent?
5 Qu'est-ce que tu fais avec ton argent de poche?
6 Tu as un ou une meilleur(e) ami(e)?
7 Qu'est-ce que vous faites ensemble?
8 Pourquoi êtes-vous ami(e)s?

2 À toi de répondre aux questions!

3 À deux: préparez un podcast. Utilisez les questions 1–8.

Bien parler — *Liaison or no liaison?*

1 Listen carefully to the words in blue. What do you notice? Repeat.

un **grand** garçon / un **grand** ami
un copain / **un** ami
c'est moi / **c'est** elle
elles partent / **elles** arrivent
dix minutes / **dix** ans
chez lui / **chez** elle

2a Read these sentences aloud. Don't forget the liaisons!

Son avion est arrivé en avance.
Ces gros éléphants sont de vieux amis.
Ils ont des habits dans une armoire.
C'est amusant: on est très à la mode.
Des animaux? Ils en ont beaucoup chez eux!
Dit-elle quand elle arrive?

2b Listen to check.

Stratégies

Liaisons
A word ending in **-d**, **-n**, **-t**, **-s**, **-x**, **-z** + a word starting with a **consonant** will mean no liaison, e.g. *son père*.
A word ending in **-d**, **-n**, **-t**, **-s**, **-x**, **-z** + a word starting with a **vowel** or an **h** will mean a liaison, e.g. *son‿ami*.

When?
1 determiner + noun
   son‿avion
2 adjective + noun
   un **petit**‿ami
3 after a preposition or short intensifier
   sans‿elle, **très**‿utile
4 pronoun + verb
   ils‿arrivent
5 after *être*
   c'est‿ici

⚠ There is never a liaison after '*et*'.

114　cent quatorze

TEST Tu sais tout? 6.7

1 Écoute!
a Listen once and note the letters of the hobbies in the order you hear them.
b Listen a second time and note how often Katie does each activity.

Exemple *1 = c, tous les jours*

2 Lis!
Read and say whether these statements are true, false or we don't know. Explain why in English.

Exemple **a** *false, because they're hardly ever together at school.*

a Magali and Isa are always together.
b Isa often goes to Magali's.
c Magali sometimes goes shopping without Isa.
d They quarrel because they don't have the same tastes.
e Isa often gives her friends presents.
f Isa knows she can trust Magali.

Magali: «Je m'entends super bien avec Isa.

Je suis toujours avec elle au collège. Je vais chez elle presque tous les jours et on se téléphone plusieurs fois par jour!

Je ne vais pas souvent faire du shopping sans elle. On n'aime pas toujours les mêmes choses mais je ne me dispute jamais avec elle.

Je lui donne des petits cadeaux pour son anniversaire et à Noël.

Je lui dis tout et je lui fais entièrement confiance. C'est ma meilleure amie.»

3 Parle!
Speak about your pocket money.
Say the following:

- who gives it to you
- how often you get money and how much
- what you do to get pocket money
- what you buy with your pocket money

Exemple *Ma mère me donne mon argent de poche...*

Pour mon anniversaire

4 Écris!
Look at Katie's plans for her birthday party and at what went well ☺ and what didn't ☹. Imagine what she writes to a friend the day after the party.

Exemple *Hier, c'était mon anniversaire. J'ai fait des invitations. C'était super...*

cent quinze 115

6.8 Vocabulaire

Le temps libre	Free time
le passe-temps	activity / hobby
aller au cinéma	to go to the cinéma
discuter avec des copains	to chat with friends
écouter de la musique	to listen to music
faire du shopping	to go shopping
faire du sport	to do sports
jouer à des jeux vidéo	to play video games
lire	to read
regarder la télévision	to watch television
être avec des copains	to be with friends
aller sur Internet	to go on the Internet
jouer du violon	to play the violin
jouer de la guitare	to play the guitar

L'argent de poche	Pocket money
Est-ce qu'on te donne de l'argent de poche?	Do you get pocket money?
Combien est-ce qu'on te donne?	How much do you get?
Qu'est-ce que tu dois faire?	What do you have to do?
Mes parents me donnent de l'argent.	My parents give me money.
pour mon anniversaire	for my birthday
quand…	when…
…je travaille bien au collège.	…I work well at school.
…j'ai de bonnes notes.	…I have good marks.
…j'aide à la maison.	…I help at home.
par semaine	per week
par mois	per month
Ils ne me donnent rien.	They don't give me anything.
Je fais un petit boulot.	I have a part-time job.
Qu'est-ce que tu achètes?	What do you buy?
des journaux	newspapers
des places de cinéma	cinema tickets
des places de spectacles	tickets for shows
des sucreries	treats (sweets, chocolate bars)
des accessoires de mode	fashion accessories
des livres	books
des affaires d'école	school stationery
J'en achète.	I buy some.
Je n'en achète pas.	I don't buy any.

Mes copains	My friends
Nous avons les mêmes goûts.	We like the same things.
Nous faisons tout ensemble.	We do everything together.
Nous nous offrons des cadeaux.	We give each other gifts.
Nous nous disputons.	We quarrel.
Nous nous téléphonons.	We phone each other.
Je lui fais confiance.	I trust him / her.
Je lui raconte tout.	I tell him/her everything.
Il/Elle sait garder un secret.	He/She can keep a secret.
Il/Elle raconte tout aux autres.	He/She tells other people everything.
Il/Elle ne me raconte rien.	He/She doesn't tell me anything.
mon meilleur ami / ma meilleure amie	my best friend
Moi, je…	I
Toi, tu…	You
Lui, il…	He
Elle, elle…	She

Une mégafête	A big event
une équipe	a team
avant	before
pendant	during
après	after
une affiche	a poster
une boum	a party
préparer	to prepare
un pays	a country
ranger	to tidy up
remercier	to thank
la salle	the hall
la nourriture	the food
j'ai essayé	I tried
j'ai goûté au / à la / à l' / aux	I tasted / tried (food)
je me suis bien amusé(e)	I had fun

116 cent seize

On chante! 6.8

Fréquence	*frequency*
toujours	*always*
plusieurs fois par jour	*several times a day*
tous les mois	*every month*
très souvent	*very often*
assez souvent	*fairly often*
jamais	*never*
le samedi	*on Saturday(s)*
le matin / le soir	*in the morning / in the evening*
le samedi soir	*on Saturday night(s)*
en général	*generally*
rarement	*rarely*
presque jamais	*hardly ever*

Le rock du samedi

Aujourd'hui, c'est samedi.
Je m'ennuie, oui, je m'ennuie.
Je n'ai rien, rien à faire.
Rien rien... rien à faire!

Dring, dring, dring, dring
C'est Sylvain au téléphone.
Il veut faire les magasins,
aller manger vietnamien.
D'accord Sylvain, attends-moi,
J'arrive! Ehhhhh... me voilà!

Dring, dring, dring, dring
C'est Anya au téléphone.
Elle m'invite au cinéma,
à jouer à la PS3.
D'accord Anya, attends-moi,
J'arrive! Ehhhhh... me voilà!

Dring, dring, dring, dring
C'est Kévin au téléphone.
C'est la fête chez sa copine.
On danse le zouk,
   la biguine*.   *West Indian dances
D'accord Kévin, attends-moi,
J'arrive! Ehhhhh... me voilà!

Aujourd'hui, c'est samedi.
Je m'amuse bien,
   je m'amuse bien*.
Les copains, oui, c'est super.
C'est, c'est, c'est... super bien!

À toi!

Look at the picture. Use words from the vocabulary list to imagine what these people are saying.

1 Lis et écoute. Numérote les photos dans l'ordre de la chanson!

2 Trouve le français:

- I'm bored
- I have nothing to do
- Wait for me
- Here I am
- I'm having fun!

3 À deux: inventez d'autres couplets!

Exemple *Dring, dring, dring, dring.*
C'est Annette au téléphone.
Elle veut jouer au basket, etc.

4 Chante avec le CD!

cent dix-sept 117

1.9A Lecture — Où est la banque?

1. Pardon monsieur, vous savez s'il y a une banque par ici?
— Non, désolé, je ne sais pas.

2. Excusez-moi, madame, vous pouvez me dire où est la banque?
— Alors, quelle banque vous voulez? Il y a la BNP, le Crédit Agricole, Barclays?

3. Monsieur, s'il vous plaît... pour aller à la banque?
— Ah c'est facile! Allez tout droit, prenez la deuxième rue à droite, non... à gauche, puis vous tournez à gauche, euh... non, à droite...

4. Ensuite, vous devez allez jusqu'à la place Voltaire et là, prenez la première à gauche, euh... non, la deuxième... euh non...
— Euh... ça n'a pas d'importance. Au revoir, monsieur...

5. Pardon, mademoiselle, je voudrais savoir où est la banque, s'il vous plaît?
— Alors, il y a une banque en face de la poste, entre la pharmacie et le bar...
— Ah super, je vous remercie!

6. Vous voyez, c'est juste là, à côté du poste de police!
— Oui, je vois. Ahahaha!!!

1 Read the story and find:
- 4 ways of politely asking someone the way.
- It's easy.
- It doesn't matter.

2 Invent a sentence to add to each frame.
Example 1 *Désolé, je ne sais pas.* **Je n'habite pas dans le quartier.**

3 Invent more frames to go before frame 5.
Example Robber: *Pour aller à la banque, s'il vous plaît?*
Passer-by: *Oh, prenez le bus.*

Défi!
Invent a different ending for the cartoon.

Mon quartier Lecture 1.9B

De jeunes collégiens français écrivent des poèmes sur leur quartier.

A Jessica
Dans mon quartier, il y a des parcs
Dans ces parcs, il y a des jeux
Dans ces jeux, il y a des enfants
Ils aiment jouer.
Dans mon quartier, il y a des immeubles
Dans ces immeubles, il y a des appartements
Dans ces appartements, il y a des gens
Ils aiment manger.

B Emilie
Dans mon quartier
pas de voitures
mais des vélos
pas de tours en béton
mais de petites maisons
pas de parkings
mais des jardins
pleins de fleurs et
d'animaux
Dans mon quartier
on peut rêver!

C Nassim
Dans mon quartier
On peut parler, on peut jouer
On peut aller au cinéma
On peut dormir, on peut manger
dans les petits restos sympa
On peut sortir, on peut danser
Et moi, j'adore ça!

1a Read the poems. Look up new vocabulary in the dictionary.

1b Who loves his / her neighbourhood and who doesn't? Explain why in English.

2 Which poem do you prefer? Why?

3 Choose a style and write your own poem about your neighbourhood.

Example Dans mon quartier, je vois des maisons avec des jardins; j'entends les parents jouer avec des enfants…, etc.

cent dix-neuf 119

2.9A Lecture — Les héros de BD*

*BD = la bande dessinée = cartoon strip

Tu connais les héros de BD? Fais ce jeu-test. Choisis a ou b.

1 Astérix: il est petit avec un grand nez et une grande moustache blonde.
a Il est Gaulois. Il a un ami qui s'appelle Obélix. Il a aussi un chien qui s'appelle Idéfix.
b Il est Gaulois. Il a quitté son village et est allé à Rome chez des amis romains.

2 Lucky Luke, le cowboy solitaire, est mince et brun.
a C'est un bandit. Il a tué des gens dans le désert.
b C'est un cowboy. Il a chassé les bandits et aidé les pauvres*.

*poor people

3 Tintin est un jeune journaliste. Il a les cheveux roux.
a Il a voyagé dans le monde entier avec son petit chien blanc Milou.
b Il a fait des enquêtes dans son village avec son grand chien noir Fifi.

4 Yoko Tsuno, est Japonaise, jolie et mince. Elle a les cheveux noirs.
a Elle a trouvé une lampe magique mais son oncle a volé la lampe et son argent.
b Elle est électronicienne et elle a eu des aventures fantastiques sur Terre mais aussi sur d'autres planètes.

1 Read and find:
a five adjectives for physical description
b seven regular verbs in the perfect tense
c the French word for 'who'

2 Choose the character you like best and explain why he or she makes a good hero.

Défi!
Invent a cartoon character and describe him/her.

Réponses: 1a, 2b, 3a, 4b

Marie-Antoinette — Lecture 2.9B

Elle a quitté sa famille et son pays, l'Autriche, à 14 ans.
Elle a été la reine de France avant la Révolution française.
Elle s'appelle Marie-Antoinette.

En 1773, Marie-Antoinette (14 ans) a épousé le roi de France. Elle a habité à Versailles, près de Paris, dans un grand château avec 700 pièces.

Elle a eu une belle vie. Elle n'a pas travaillé, bien sûr. Elle a beaucoup chanté et dansé. Elle a dépensé beaucoup d'argent. Elle a acheté des robes élégantes et elle a toujours bien mangé.

Mais en juillet 1789, les pauvres ont commencé la Révolution française. Ils ont attaqué les riches et ils ont mis Marie-Antoinette en prison. Ils ont guillotiné Marie-Antoinette en 1793.

En 2006, on a fait un film sur la vie de Marie-Antoinette: l'actrice Kirsten Dunst a joué le rôle de Marie-Antoinette.

1 Read the text and answer the questions in English.

- a Who did Marie-Antoinette marry?
- b Where did she live?
- c What did she buy?
- d What happened in France in 1789?
- e What happened to Marie-Antoinette?
- f Who played Marie-Antoinette in a recent film?

2 Read and find the French for:

- a married
- b spent a lot of money
- c never thought
- d beheaded
- e didn't survive

cent vingt-et-un 121

3.9A Lecture — Qu'est-ce qu'on peut faire en Martinique?

Morgane, France: Moi, j'ai adoré Disneyland. Je suis arrivée très tôt le matin et je suis restée toute la journée. J'ai fait toutes les attractions. C'était sensationnel!

Amy, Angleterre: Ma sortie préférée, c'est quand je suis allée à un festival de musique à Reading. Ma grande sœur est venue avec moi. C'était génial.

Victor, Belgique: L'année dernière, je suis allé en France avec mon père. On a vu un match de foot au Stade de France à Paris. Ma mère n'est pas venue parce qu'elle n'aime pas le football. C'était inoubliable!

Stefan, Allemagne: Je suis allé à la Cité de l'Espace à Toulouse en France. C'était très intéressant. J'ai vu une reproduction de la fusée Ariane 5 et j'ai fait une visite virtuelle de la Station spatiale internationale.

1 Who went to..?
a a science park   c a sports event
b a music event   d a theme park

2 Read and find the French for:
a my favourite outing
b very early in the morning
c it was unforgettable
d the atmosphere was great
e Space City
f the Ariane 5 rocket

3 Which outing would you prefer? Explain why.
Example *Je préfère la sortie au... parce que...*

Défi! Write a speech bubble about the best outing of your life.

122   cent vingt-deux

Voyage en Afrique Lecture 3.9B

1 Amina et sa sœur Azéla sont nées en France et habitent à Paris. Cet été, elles sont allées en Afrique, au Burkina Faso, le pays de leurs parents. Elles sont restées trois semaines chez leur grand-mère.

2 Elles sont parties avec leur mère en avril. Elles ont pris l'avion pour Ouagadougou, la capitale. Quand elles sont descendues de l'avion, tout était différent – un vrai contraste avec la France. Quand elles sont arrivées au village de leur grand-mère, elles ont mangé un repas typique.

3 Elles ont mangé du poisson, du riz, des légumes et de la salade. Le soir, les deux sœurs sont allées dormir chez leur grand-mère.

4 Amina et Azéla ont fait des excursions dans la région. Elles ont vu des hippopotames. Elles sont allées au restaurant et au cinéma. C'était un voyage fantastique!

First, read *Bien apprendre: Reading strategies*, page 57. Then, do the activities.

1 **Answer the questions a–f on page 53 for Amina.**

Example *Tu es allée où? Je suis allée au Burkina Faso, en Afrique.*

2 **Explain in English two or three things you didn't know about Burkina Faso before you read the text.**

Example *I didn't know Ouagadougou was the capital of Burkina Faso.*

cent vingt-trois 123

4.9A Lecture «Quand j'étais petit(e)...»

De jeunes collégiens français ont écrit des poèmes sur quand ils étaient petits.

Quand j'étais petit, j'étais Samouraï.
Quand j'étais petit, je n'étais pas peureux.
Quand j'étais petit, c'était le temps des Jedi.
Quand j'étais petit, ce n'était pas ennuyeux!

Étienne

Quand j'étais petit, j'étais innocent.
Quand j'étais petit, je n'étais pas méchant.
Quand j'étais petit, c'était la vraie guerre,
Quand j'étais petit, ce n'était pas super!

Haris

Quand j'étais petite, j'étais astronaute.
Quand j'étais petite, je n'étais pas sur terre.
Quand j'étais petite, c'était trop super!
Quand j'étais petite, ce n'était pas de ma faute!

Marine

Quand j'étais petite, j'étais dans les nuages.
Quand j'étais petite, je n'étais pas sage.
Quand j'étais petite, c'était rigolo.
Quand j'étais petite, ce n'était pas du repos!

Natasha

1a Read the poems. Look up words you don't know in a bilingual dictionary.

1b Who enjoyed their childhood? Who didn't? Explain why in English.

2 Which poem do you prefer? Why?

3 Write your own poem about your childhood.

124 cent vingt-quatre

La mode sport à la française! Lecture 4.9B

Airness, c'est une marque de sport française. Les jeunes Français l'adorent!
Airness équipe* des clubs de football, de basket et d'athlétisme. Airness, c'est des vêtements, T-shirts, sweats, blousons, casquettes, chaussettes, chaussures!
C'est aussi des accessoires: portables, lunettes, sacs, cahiers, trousses et stylos.

*equips

Le créateur d'Airness, c'est Malamine Koné. Il est né en Afrique, au Mali, en 1971. Jusqu'à 10 ans, il garde les moutons* chez sa grand-mère. À 10 ans, il va à Paris, chez ses parents. Il est très bon en boxe. Il devient champion de France amateur. Mais, en 1995, il a un accident de la route. Pour lui, la boxe, c'est fini. En 1999, il crée sa marque de sport. C'est un succès immédiat! Maintenant Malamine Koné est riche et
il aide les organisations humanitaires qui s'occupent des enfants de son pays, le Mali.

*sheep

Pourquoi Airness?
C'est le surnom* du basketteur Michael Jordan, une idole de Koné.

*nickname

Pourquoi la panthère?
'La Panthère', c'était le surnom de Koné quand il était boxeur.

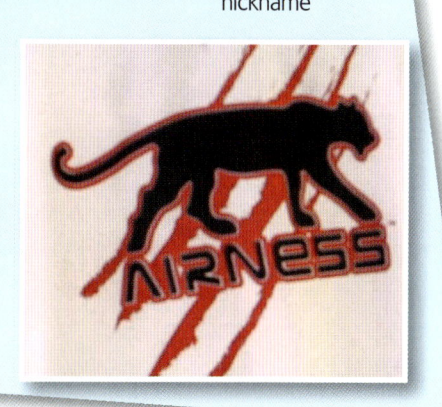

1 Read the article. List any new words. Which can you guess? Which do you need to check in a dictionary? Discuss with a partner.

2 Note eight facts about Airness in English.

3 Make up eight questions about Malamine Koné for your partner. Swap your questions and answer your parner's.

Example **A** Il est né ou?
B Il est né au Mali.

Stratégies

Some words are tricky and can mean different things!
For example: **droit** = *straight*
tout droit! = *straight on*
le droit = *the law*
étudier le droit = *to study law*
Always use a dictionary to check.

cent vingt-cinq 125

5.9A Lecture — Les sports d'hiver

**C'est l'hiver. Il fait froid.
Il neige. Il gèle.
Les Français partent aux sports d'hiver!**

Quand il y a du vent, on fait du snowkite. Ça se pratique avec un snowboard ou des skis. Avec le snowkite, ça va super vite!

Margaux:
J'adore aller à la montagne. La neige, c'est super. Je me réveille très tôt tous les jours. Je mets des vêtements chauds et je n'ai jamais froid. Il fait beau et il y a du soleil tous les jours. Mon sport préféré, c'est le scooter des neiges (on dit aussi le snowscoot). C'est comme un scooter mais sur la neige!

Nico:
Je vais en classe de neige avec mon collège en février tous les ans. On va à Avoriaz, dans les Alpes. Je me suis toujours beaucoup amusé. Il fait toujours beau: il ne pleut jamais. Je fais du ski tous les matins. L'année prochaine, je vais essayer le snow kayak. C'est comme le kayak mais sur la neige. Cool!

1 Read and find the French for:
a it's cold
b it's snowing
c it's icy
d it's windy
e it's fine
f it's sunny
g it never rains

2 Write six questions based on the article and swap with a partner.
Example *Qui va faire du snow kayak?*

3 Write what activities you do in different weather.
Example *Quand il pleut, je regarde le foot à la télé.*

Asking questions: see page 93.

126 cent vingt-six

Problèmes et solutions — Lecture 5.9B

Cher Pierre

Voilà mon problème: je ne dors jamais bien. Le matin, quand je me réveille, j'ai toujours mal à la tête. Je n'ai pas d'énergie et je suis fatigué tout le temps. Est-ce que c'est normal?

Thomas, 14 ans

Je suis petit et assez gros. Pourtant, je ne mange pas beaucoup. Le matin, par exemple, je ne mange rien parce que je n'ai jamais le temps, mais à 11 heures, j'ai faim et j'ai mal au ventre.

Sylvain, 13 ans

A: Le sport, c'est bon pour la forme. Va au collège à pied, par exemple, ou promène le chien le soir et le week-end. Trouve un sport que tu aimes: le vélo, la natation ou la danse, peut-être.

B: Avoir mal à la tête, ce n'est jamais normal. Tu ne dors pas assez. À quelle heure tu te couches? Va au lit avant dix heures. Bois un litre d'eau et fais du sport régulièrement.

C: Le petit déjeuner est un repas très important. Le matin, réveille-toi plus tôt et prends un bon petit déjeuner: mange du pain, des céréales, un yaourt ou des fruits.

Je veux être en forme mais je n'aime pas beaucoup le sport. Qu'est-ce que je peux faire? Quand je joue au volley, j'ai mal au dos et aux bras.

Sonia, 13 ans

1 Read and say where you might find this sort of letter.

2 Match an answer (A–C) to each letter.

cent vingt-sept 127

6.9A Lecture — Recettes de l'amitié

De jeunes collégiens français écrivent leurs recettes de l'amitié.

Anna: La recette de l'amitié
D'abord, mets de la gentillesse. Ajoute de la confiance. Mets un peu d'aventure. Mélange. Mange tous les jours!

Mehdi: Ma recette de l'amitié
100 grammes de fidélité, 100 grammes de franchise et un kilo d'aventure. Mélanger. Mettre dans un plat. Manger avec les copains!

Zoé: Ma recette de l'amitié
Tu prends un litre de bonne volonté et une boîte de sincérité. Tu ajoutes trois cuillers de responsabilité. Tu mets dans un plat! Bon appétit!

Alexandre: Pour être l'ami d'une fille…
D'abord, beaucoup de patience; puis de la compréhension et de l'humour, beaucoup d'humour! Les filles adorent ça! Mélangez bien. Servez tout chaud et décorez de rires!

1a Read the recipes. Look up words you don't know in a bilingual dictionary.

1b Make a note of all the ingredients mentioned. Write them in order of importance for you.

2 Which recipe do you prefer? Why?

3 Choose a style and write your own recipe for friendship.

128 cent vingt-huit

En direct... du Maroc — Lecture 6.9B

1 ***Salam!*** Je m'appelle Malik, j'ai 12 ans et j'habite à Marrakech, au Maroc. J'habite dans une petite maison avec ma grand-mère, mon père, ma mère, mes trois frères et mes deux sœurs. Mon père est maroquinier* au **souk** et ma mère vend des bijoux. Je suis en cinquième dans un collège.
*leather craftsman

5 Je n'ai pas beaucoup de temps libre. Je me lève à 6 heures le matin pour aller au collège et quand je ne suis pas à l'école, je travaille! Mes parents ne sont pas riches, alors moi, de l'argent de poche, on ne m'en donne pas! Pour en avoir, je fais des petits boulots. Après l'école, je suis guide à la **médina** – mais pas guide officiel ;-)! Je parle arabe, français, un peu anglais, allemand et espagnol; c'est pratique! En général, je trouve des touristes sympa.

10 Je leur montre les petites rues de la médina. Sans moi, ils sont perdus: la vieille ville, c'est un vrai labyrinthe! Je les amène aussi au souk. Ils aiment bien voir mon père travailler. Je leur montre les sacs en cuir qu'il fabrique et souvent, ils en achètent! Ils achètent aussi des colliers ou des bracelets à ma mère. Je travaille jusqu'à 11 heures ou minuit quand les touristes rentrent à l'hôtel. Ils me donnent dix ou 20 dirhams, des fois plus.

15 Quand j'ai un peu de temps libre, je retrouve mes copains et on joue au foot. J'aime bien faire un match avec les copains! Et puis, je regarde un peu la télé. Plus tard, je voudrais être guide, un vrai guide officiel! **Inch'Allah!**

1a Read the whole of Malik's letter. Use the clues in the text to work out the meaning of these words. Check in a dictionary.

des bijoux, perdus, amène, cuir, plus tard

1b From the context, work out which of the Arabic words in italics mean:

God willing, hello, market, old town

1c Find all the 'en' pronouns. What do they stand for?

Example *on ne m'en donne pas: en = de l'argent de poche*

2 Answer these questions in English.
a Why hasn't Malik got much free time?
b Why is speaking languages an advantage for him?

3 List the main similarities and differences between your life and Malik's.

Example *Similarités: J'ai 12 ans, j'habite dans une petite maison,...*
Différences: J'ai beaucoup de temps libre...

cent vingt-neuf 129

Grammaire

Introduction

Here is a summary of the main points of grammar covered in **Clic! 2**, with some activities to check that you have understood and can use the language accurately.

1	Nouns and determiners	131
2	Adjectives	131
3	Adverbs	132
4	The possessive	133
5	Prepositions	133
6	Pronouns	134
7	Verbs	136
8	Negatives	143
9	Asking questions	144
	Answers to grammar activities	145
	Expressions utiles	145

Glossary of terms

noun *un nom* = a person, animal, place or thing
Max achète du **pain** au **supermarché**.

determiner *un déterminant* = goes before a noun to introduce it
le chien, **un** chat, **du** jambon, **mon** frère

singular *le singulier* = one of something
Le chien mange **un biscuit**.

plural *le pluriel* = more than one of something
Les filles font du judo.

pronoun *un pronom* = a little word used instead of a noun or name
Il mange un biscuit. **Elles** font du judo.

verb *un verbe* = a "doing" or "being" word
Je **parle** anglais. Il **est** blond. On **va** à la piscine. Nous **faisons** de la natation.

adjective *un adjectif* = a word which describes a noun
Ton frère est **sympa**.
C'est un appartement **moderne**.

adverb *un adverbe* = a word which describes a verb, an adjective or another adverb
Il parle **vite**. C'est **très** grand.
Il est **vraiment trop** petit!

preposition *une préposition* = describes position: where something is
Mon livre est **sur** la table. J'habite **à** Paris.

130 cent trente

Grammaire

1 Nouns and determiners
les noms et les déterminants

1.1 Masculine or feminine?

All French nouns are either masculine or feminine. Determiners must match:

	masculine words	feminine words
a or *an*	un	une
the	le	la

For example: **un** sport, **le** nez = masculine
une question, **la** tête = feminine

Important! When you meet a new noun, learn whether it is masculine or feminine.

| Learn | une pomme | ✓ |
| not | pomme | ✗ |

1.2 Singular or plural?

Most French nouns add *-s* to make them plural, just as in English: *la jambe* ➔ *les jambes*

In French, the *-s* at the end of the word is not usually pronounced.

Some nouns do not follow this regular pattern:
- nouns ending in *-s*, *-x* or *-z* usually stay the same:
  le bras ➔ *les bras*   *le nez* ➔ *les nez*
- nouns ending in *-eau* or *-eu* add *-x*:
  un chapeau ➔ *des chapeaux*
  un cheveu ➔ *des cheveux*
- nouns ending in *-al* usually change to *-aux*:
  un animal ➔ *des animaux*
- a few nouns change completely:
  un œil ➔ *des yeux*

In front of plural nouns, the determiners change:

un/une ➔ *des*   *le/la* ➔ *les*

Nina mange **une** banane. Nina mange **des** bananes.
Le professeur parle. **Les** professeurs parlent.

1.3 de + noun

	singular	plural
masculine words	du (*or* de l')	des
feminine word	de la (*or* de l')	des

Use *du*, *de la*, *de l'* or *des* + noun to say *some* or *any*.

*On a mangé **des** frites.* We ate **some** chips.
*Tu as **du** chocolat?* Have you got **any** chocolate?

Note: In English, you can often leave out the word *some* or *any*. In French it can never be left out:

*On a bu **de l'**eau.* We drank **some water** / We drank **water**.

(For how to say *any* in a negative sentence, see section 8.2.)

2 Adjectives
les adjectifs

2.1 Form of adjectives

In English, whatever you are describing, the adjective stays exactly the same. In French, the adjective changes to match the word it is describing. Like the noun, it must be either masculine or feminine, singular or plural.

To show this, there are special adjective endings:

	singular	plural
masculine words	add nothing	add *-s*
feminine words	add *-e*	add *-es*

For example:
mon père est petit   *mes frères sont petit**s***
*ma mère est petit**e***   *mes sœurs sont petit**es***

Exceptions:
- Adjectives ending in *-s* don't add another in the masculine plural (but they do add *-es* in the feminine plural):
  un pantalon gris   *les cheveux gris*
  *les chaussettes gris**es***
- Adjectives that end in *-e* don't add another in the feminine (but they do add *-s* when they describe plural words):
  un frère calme ➔ *une sœur calme*
  *des enfants calme**s***
- Adjectives ending in *-eur* or *-eux* usually change to *-euse* in the feminine:
  un frère travailleur ➔ *une sœur travaill**euse***
  un frère courageux ➔ *une sœur courag**euse***

cent trente-et-un 131

Grammaire

- A very few adjectives stay the same whether they are masculine or feminine, singular or plural:
  un cousin sympa, une cousine sympa, des cousins sympa
  le foot est super, la France est super, les jeux sont super
- Some adjectives have their own pattern:

singular		plural	
masculine	feminine	masculine./mixed	feminine.
blanc	blanche	blancs	blanches
bon	bonne	bons	bonnes
gros	grosse	gros	grosses
violet	violette	violets	violettes
beau*	belle	beaux	belles
nouveau*	nouvelle	nouveaux	nouvelles
vieux*	vieille	vieux	vieilles

A Copy and complete each sentence with the correct form of one of these adjectives.

beaux   grosse   nouvelle   vieil   vieille   violette

1 J'habite dans une *** maison.
2 Il a de *** yeux verts.
3 On a une *** prof de français.
4 Tu aimes ma nouvelle robe ***?
5 Il mange une très *** glace à la vanille!
6 Mon grand-père est un très *** homme.

2.2 Position of adjectives

In English, **adjectives** always come before the noun they describe: a **red** sweatshirt, a **modern** house, **nice** friends.

In French, **adjectives** usually come after the noun:
un sweat **rouge**, une maison **moderne**, des copains **sympa**.

Some adjectives break this rule of position. The following come before the noun:

grand   petit   gros   beau   bon
nouveau   jeune   vieux   mauvais

un **nouveau** jean, la **jeune** fille, de **bonnes** idées

B Copy these sentences, adding the adjectives in brackets in the correct form and position.

1 J'ai acheté trois cartes postales. [beau]
2 C'est un nouveau film. [intéressant]
3 J'ai deux nouvelles à te dire! [bon]
4 Il a une nouvelle copine. [français]
5 J'adore mon jean noir. [vieux]
6 Il a une voiture rouge. [petit]
7 Tu poses toujours des questions. [intelligent]
8 Il met de vieilles chaussures. [démodé]

2.3 Demonstrative adjectives

Ce, cet, cette, ces can be used instead of *un, une, des* or *le, la, les* to say *this/these* or *that/those*.

Tu aimes **ce** livre?   Do you like **this** book?
Je ne connais pas **cette** fille. I don't know **that** girl.
Je prends **ces** chaussures.   I'll take **these** shoes.

	masculine	feminine
singular	ce (cet*)	cette
plural	ces	ces

*cet is used before masculine singular nouns that begin with a vowel or a silent h (cet étage, cet hôtel)

cent trente-deux

Grammaire

3 The possessive
la possession

3.1 The possessive of nouns

Use noun + *de* + noun to show who (or what) things belong to:
les baskets de Joe   **Joe's** trainers
les questions des élèves   **the pupils'** questions

3.2 Possessive adjectives

These adjectives show who or what something belongs to (***my*** *bag*, ***your*** *CD*, ***his*** *brother*). They come before the noun they describe, in place of *un/une/des* or *le/la/les*, for example.

Like all adjectives, they match the noun they describe:

	singular		plural
	masculine	feminine	masculine or feminine
my	mon	ma	mes
your	ton	ta	tes
his/her	son	sa	ses

*Before a feminine noun that begins with a vowel, use *mon, ton, son* (*mon imagination, ton amie, son opinion*).

Ma *sœur déteste* **ton** *frère.*   **My** sister hates **your** brother.
Il parle avec **sa** *mère.*   He is talking to **his** mother.

The words for *his* and *her* are the same (either *son, sa* or *ses*, depending on the word that follows).
Nina adore **son** *chien.*   Nina loves **her** dog.
Max adore **son** *chien.*   Max loves **his** dog.

> **C** Copy these sentences. Translate the English possessive adjectives into French.
> 1. Laura adore [her] sœur.
> 2. Alex joue au foot avec [his] frère.
> 3. Tous les jours, je sors [your] chiens.
> 4. J'ai beaucoup de vêtements dans [my] armoire.

4 Prepositions
les prépositions

These describe position:

4.1 à

à combines with *le* or *les* in front of the noun to form a completely new word:
à + le → *au*
à + les → *aux*

singular		plural
masculine	feminine	masculine or feminine
au	à la	aux

- Time
  Use *à* to say *at* a time:
  Le film commence à huit heures.
  The film starts **at** eight o'clock.

- Places
  Use *à* to say *at*, *in* or *to* a place, combining it with the determiner before masculine or plural words:
  J'habite à Paris.   I live **in** Paris.
  Je vais à la gare.   I am going **to the** station.
  Il est au cinéma.   He's **at the** cinema.

- Parts of the body that hurt
  Use *à* in front of the part of the body, combining it with the determiner before masculine or plural words:
  J'ai mal à la tête.   I've got a headache.
  Max a mal au dos.   Max has backache.
  Tu as mal aux dents?   Have you got toothache?

4.2 en

- Places
  In French, most names of countries are feminine.
  To say *in* or *to* these countries, use the word *en*:
  Vous allez en France?   Are you going **to** France?
  J'habite en Écosse.   I live **in** Scotland.

cent trente-trois 133

Grammaire

But: For masculine names of countries, use *au* (or *aux* if the country is plural):
Cardiff est au pays de Galles.
Cardiff is **in** Wales.
Elle va aux États-Unis.
She's going **to the** United States.

en ville = in or to town

- Means of transport
Use *en* + name of means of transport to say how you travel:
en *train*   **by** train
en *bus*   **by** bus
en *voiture*   **by** car
en *avion*   **by** plane

But: For walking or a two-wheeled vehicle, use *à* + means of transport (without a determiner):
Il va à pied.   He is walking.
Elle va à vélo.   She is going **by** bike.
Nous allons à mobylette.   We are going **by** moped.

5 Pronouns
les pronoms

A pronoun is used instead of a noun or name to avoid repetition. For example:
My cat is called Tigger. **He** sleeps in a box.

5.1 Subject pronouns

The subject of a verb tells you who or what is doing the action of the verb. It is usually a noun, but sometimes it is a pronoun. In English, we use the following subject pronouns:

I   you   he   she   it   we   they

I'm learning French. Are **you**?
Annie is learning Italian. **She** loves it.

The French subject pronouns are:

I = { *je* / *j'* in front of a vowel or a silent h: *j'aime/j'habite* }

you = { *tu* — to a child, a friend or a relative / *vous* — to an adult you are not related to, or more than one person }

he = *il* — for a boy or man

she = *elle* — for a girl or woman

it = { *il* if the noun it refers to is masculine / *elle* if the noun it refers to is feminine }

we = { *nous* / *on* used more than *nous* in conversation }

Use *on* when speaking or writing to friends.
Use *nous* when writing more "official" texts.

they = { *ils* for a masculine plural or for a mixed group (masculine + feminine) / *elles* for a feminine plural / *on* for people in general }

- On
On can mean *you, we, they* or *one*.
It is followed by the form of the verb that follows *il* or *elle*:
Chez moi, on parle arabe.   At home **we speak** Arabic.
On a parlé au téléphone.   **We spoke** on the telephone.
On est allés* au cinéma.   **We went** to the cinema.

* When *on* means a group of people, verbs that form the *passé composé* with *être* can add *-s* to the past participle after *on* (*-es* if *on* refers to an all-female group).

5.2 Emphatic pronouns

The French emphatic pronouns are:

moi	me, I	nous	us, we
toi	you	vous	you
lui	him, he	eux	them (masculine), they
elle	her, she	elles	them (feminine), they

These pronouns are used:
- to emphasise a subject pronoun (in English we usually just use our voice to add emphasis to the word, rather than adding an extra word):

Moi, *je vais au collège. Et* **toi**, *tu vas où?*
I'm going to school. Where are **you** going?

134   cent trente-quatre

Grammaire

5.3 Direct object pronouns

A direct object pronoun replaces a noun that is the object of the verb (it has the action done to it).

The French direct object pronouns are:

me*	me	nous	us
te*	you	vous	you
le*	him, it (masculine)	les	them
la*	her, it (feminine)		

*m', t' and l' before words that start with a vowel or silent h

Object pronouns come immediately before the verb:

*Ton livre, tu **le** mets dans ton sac.*
Your book! Put it in your bag.
*Ta correspondante, tu **la** connais déjà?*
Your exchange partner, do you already know her?
*Mes repas? Elle **les** mange, mais elle ne **les** aime pas.*
My meals? She eats them but she doesn't like them.

With perfect tense verbs, the direct object pronoun goes before the part of *avoir* or *être*:
*Je **l'**ai acheté sur Internet.*   I bought it on the Internet.

> **D** Copy the sentences and fill in the direct object pronouns.
>
> 1 J'aime bien la robe bleue, mais je ne *** mets plus.
> 2 Super, ce short. Je peux *** essayer?
> 3 Elle a des copains. Elle *** voit tous les jours.
> 4 J'ai un DVD de yoga. Je *** regarde souvent le soir.

5.4 Indirect object pronouns

An indirect object pronoun replaces a noun (usually a person) that is linked to the verb by a preposition, usually *à*:

*Tu parles **à Léo**? Je parle **à Léo** souvent.* =
  *Je **lui** parle souvent.*
Do you speak **to Léo**? I speak **to Léo** often. =
  I speak **to him** often.

The French indirect object pronouns are:

me / m'	to me	nous	to us
te / t'	to you	vous	to you
lui	to him, her, it	leur	to them

With perfect tense verbs, the indirect object pronoun goes before the part of *avoir* or *être*: *Tu **lui** as donné ton adresse?*
                    Did you give **him** your address?

> **E** Copy the sentences and fill in the indirect pronouns.
>
> 1 – Tu téléphones souvent à Céline?
>   – Oui, je *** téléphone tous les jours.
> 2 Céline adore Pierre. Elle *** donne beaucoup de cadeaux.
> 3 Anya a de l'argent? Qui *** donne son argent?
> 4 Pourquoi ton frère ne *** parle pas? Avec moi, il parle beaucoup!

5.6 en (some, any)

Use the pronoun *en* instead of *du/de la/des* + noun to avoid repetition: *Tu as du papier? Oui, j'**en** ai.*
        Have you got any paper? Yes, I have (**some**).

cent trente-cinq 135

Grammaire

6 Verbs
les verbes

Verbs describe what is happening. If you can put "*to*" in front of a word or "*-ing*" at the end, it is probably a verb.
- listen – to listen ✓ = a verb
- try – to try ✓ = a verb
- desk – to desk ✗ = not a verb
- happy – to happy ✗ = not a verb

6.1 The infinitive

Verbs take different forms:
I do the dishes every day. Alan **does** too, but you **don't**.

Not all verb forms are listed in a dictionary. For example, you won't find *does* or *don't*. You have to look up the infinitive, to **do**.

Infinitives in French are easy to recognise as they normally end with either *-er*, *-re* or *-ir*. For example: *regarder, prendre, choisir*.

6.2 The present tense

A verb in the present tense describes an action which is taking place now or takes place regularly.

There are two present tenses in English:
I **am eating** an apple (now).
I **eat** an apple (every day).

There is only one present tense in French:
Je **mange** une pomme (maintenant).
Je **mange** une pomme (tous les jours).

6.3 Present tense verb endings

To describe an action, you need a subject (the person or thing doing the action) and a verb.

The ending of the verb changes according to who the subject is:
You eat/She eat**s**   We speak/He speak**s**

Verb endings change in French too, for the same reason.

6.4 Regular verbs in the present tense

Most French verbs follow the same pattern. They have regular endings. Typical endings for verbs that end in *-er*, like *aimer*, in the present tense are:

j'	aim**e**	nous	aim**ons**
tu	aim**es**	vous	aim**ez**
il/elle/on	aim**e**	ils/elles	aim**ent**

Some other verbs which follow the same pattern are:
- *arriver* to arrive
- *détester* to hate
- *écouter* to listen
- *jouer* to play
- *manger** to eat
- *nager** to swim
- *parler* to speak
- *ranger** to tidy
- *regarder* to watch

* but: *nous mang**e**ons, nag**e**ons, rang**e**ons*

Typical endings for verbs that end in *-ir*, like *choisir* (to choose), in the present tense are:

je	chois**is**	nous	chois**issons**
tu	chois**is**	vous	chois**issez**
il/elle/on	chois**it**	ils/elles	chois**issent**

Verbs which follow the same pattern:
finir to finish   *remplir* to fill

Typical endings for verbs that end in *-re*, like *vendre* (to sell), in the present tense are:

je	vend**s**	nous	vend**ons**
tu	vend**s**	vous	vend**ez**
il/elle/on	vend	ils/elles	vend**ent**

Verbs which follow the same pattern:
attendre to wait   *répondre* to answer

> **F** Fill in the correct form of the verbs in green.
> 1. Vous *** à la piscine ou à la mer? [nager]
> 2. Zoé *** beaucoup de chansons de rap. [écouter]
> 3. Tu *** les cours à quelle heure? [finir]
> 4. Les filles de ma classe *** le foot! [détester]
> 5. On *** le bus? [attendre]
> 6. Moi, je ne *** pas souvent la télé. [regarder]
> 7. Nous ne *** pas de viande. [manger]
> 8. Léo et Alice ne *** pas aux emails. [répondre]

Grammaire

6.5 Irregular verbs in the present tense

Some verbs do not follow this regular pattern. They are irregular verbs. Try to learn them by heart.

Infinitive	Present	English
avoir (*to have*)	j'ai tu as il/elle a on a nous avons vous avez ils/elles ont	I have you have (to a friend, child or relative) he/she/it has we/they have we have you have (to an adult or group of people) they have
être (*to be*)	je suis tu es il/elle est on est nous sommes vous êtes ils/elles sont	I am you are (to a friend, child or relative) he/she/it is we/they are we are you are (to an adult or group of people) they are
acheter (*to buy*)	j'achète tu achètes il/elle achète on achète nous achetons vous achetez ils/elles achètent	I buy you buy (to a friend, child or relative) he/she/it buys we/they buy we buy you buy (to an adult or group of people) they buy
aller (*to go*)	je vais tu vas il/elle va on va nous allons vous allez ils/elles vont	I go you go (to a friend, child or relative) he/she/it goes we/they go we go you go (to an adult or group of people) they go
boire (*to drink*)	je bois tu bois il/elle boit on boit nous buvons vous buvez ils/elles boivent	I drink you drink (to a friend, child or relative) he/she/it drinks we/they drink we drink you drink (to an adult or group of people) they drink

cent trente-sept

Grammaire

Infinitive	Present	English
devoir (*to have to/must*)	je dois tu dois il/elle doit on doit nous devons vous devez ils/elles doivent	*I must* *you must (to a friend, child or relative)* *he/she/it must* *we/they must* *we must* *you must (to an adult or group of people)* *they must*
faire (*to do/make*)	je fais tu fais il/elle fait on fait nous faisons vous faites ils/elles font	*I make/do* *you make/do (to a friend, child or relative)* *he/she/it makes/does* *we/they make/do* *we make/do* *you make/do (to an adult or group of people)* *they make/do*
se lever (*to get up*)	je me lève tu te lèves il/elle se lève on se lève nous nous levons vous vous levez ils/elles se lèvent	*I get up* *you get up (to a friend, child or relative)* *he/she/it gets up* *we/they get up* *we get up* *you get up (to an adult or group of people)* *they get up*
mettre (*to put on/wear*)	je mets tu mets il/elle met on met nous mettons vous mettez ils/elles mettent	*I put (on)* *you put (on) (to a friend, child or relative)* *he/she/it puts (on)* *we/they put (on)* *we put (on)* *you put (on) (to an adult or group of people)* *they put (on)*
pouvoir (*to be able to/can*)	je peux tu peux il/elle peut on peut nous pouvons vous pouvez ils/elles peuvent	*I can* *you can (to a friend, child or relative)* *he/she/it can* *we/they can* *we can* *you can (to an adult or group of people)* *they can*
préférer (*to prefer*)	je préfère tu préfères il/elle préfère on préfère nous préférons vous préférez ils/elles préfèrent	*I prefer* *you prefer (to a friend, child or relative)* *he/she/it prefers* *we/they prefer* *we prefer* *you prefer (to an adult or group of people)* *they prefer*

Grammaire

Infinitive	Present	English
prendre (to take)	je prends tu prends il/elle prend on prend nous prenons vous prenez ils/elles prennent	I take you take (to a friend, child or relative) he/she/it takes we/they take we take you take (to an adult or group of people) they take
savoir (to know)	je sais tu sais il/elle sait on sait nous savons vous savez ils savent	I know you know (to a friend, child or relative) he/she/it knows we/they know we know you know (to an adult or group of people) they know
venir (to come)	je viens tu viens il/elle vient on vient nous venons vous venez ils/elles viennent	I come you come (to a friend, child or relative) he/she/it comes we/they come we come you come (to an adult or group of people) they come
voir (to see)	je vois tu vois il/elle voit on voit nous voyons vous voyez ils/elles voient	I see you see (to a friend, child or relative) he/she/it sees we/they see we see you see (to an adult or group of people) they see
vouloir (to want)	je veux tu veux il/elle veut on veut nous voulons vous voulez ils/elles veulent	I want you want (to a friend, child or relative) he/she/it wants we/they want we want you want (to an adult or group of people) they want

G **Copy the sentences, replacing the infinitive in brackets with the correct form of the verb.**

1. Tu [venir] avec moi?
2. Nous [prendre] le bus à huit heures.
3. Ils [devoir] travailler plus.
4. Qu'est-ce que vous [faire] le week-end?
5. On ne [pouvoir] pas sortir samedi.
6. Je [aller] chez ma copine Alice.
7. Les parents d'Alice [avoir] une belle maison!
8. Mes copains ne [être] pas là pendant les vacances.

cent trente-neuf

Grammaire

6.6 The perfect tense

A verb in the perfect tense (*passé composé*) describes an action which happened in the past. There are several ways to translate the *passé composé* in English:

***J'ai regardé** la télé.* **I watched** / **I have watched** TV.

For the *passé composé*, you need two parts: the present tense of *avoir* or *être* + the past participle of the verb. See 7.7 to 7.9.

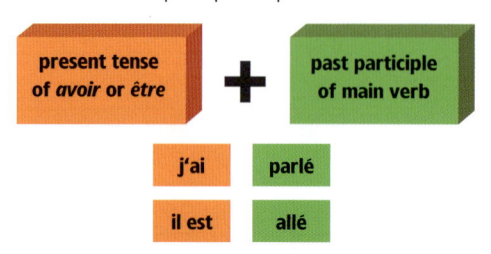

present tense of *avoir* or *être* **+** past participle of main verb

j'ai   parlé
il est   allé

6.7 The past participle

To form the past participle, take the infinitive of the verb and change the ending:

- infinitives ending in *-er*: past participle ends in *-é*
  manger → mangé   parler → parlé
- infinitives ending in *-ir*: past participle ends in *-i*
  choisir → choisi   sortir → sorti
- infinitives ending in *-re*: past participle ends in *-u*
  descendre → descendu   vendre → vendu

Learn by heart these exceptions to the rule:

avoir → **eu**	être → **été**	écrire → **écrit**
faire → **fait**	voir → **vu**	boire → **bu**
lire → **lu**	venir → **venu**	mettre → **mis**
prendre → **pris**	pouvoir → **pu**	devoir → **dû**
vouloir → **voulu**	savoir → **su**	

H Complete this account of a party with the correct past participles.

La semaine dernière, j'ai [organiser] une boum pour mes 13 ans. J'ai [écrire] des invitations: 20 copains ont [répondre]. Mon correspondant français aussi est [venir]! Ma mère a [faire] un énorme gâteau. On a [mettre] des costumes, on a [danser] et on a [boire] du punch sans alcool. J'ai [avoir] beaucoup de cadeaux, et mon père a [prendre] des photos. La fête a [finir] à minuit. Tout le monde a [être] très content.

6.8 avoir + past participle

Most verbs form the perfect tense with part of *avoir*:

present	*passé composé*		
		avoir	past participle
je regarde	j'	ai	regardé
tu regardes	tu	as	regardé
il regarde	il	a	regardé
elle regarde	elle	a	regardé
on regarde	on	a	regardé
nous regardons	nous	avons	regardé
vous regardez	vous	avez	regardé
ils regardent	ils	ont	regardé
elles regardent	elles	ont	regardé

I Rewrite this account of a healthy day in the perfect tense.

Aujourd'hui, pour être en forme, je <u>mange</u> des fruits au petit déjeuner et je <u>bois</u> du lait. Après, je <u>fais</u> un peu d'exercice: je ne <u>prends</u> pas le bus mais je <u>marche</u> 30 minutes pour aller au collège. À la cantine, je ne <u>choisis</u> pas les frites mais la salade. Le soir, après l'école, je <u>joue</u> au basket. À 22 heures, je <u>dors</u>!

6.9 être + past participle

Some verbs form their *passé composé* with *être*, not *avoir*. They are mostly verbs that indicate movement. You will need to learn by heart which they are.

Try learning them in pairs:

arriver / partir	to arrive / to leave
aller / venir	to go / to come
entrer / sortir	to go in / to go out
monter / descendre	to go up / to go down
rentrer / retourner	to go home / to go back to
tomber / rester	to fall / to stay
naître / mourir	to be born / to die

140 cent quarante

Grammaire

- The ending of the past participle changes when it comes after *être* in the *passé composé*. It agrees with the subject of the verb (masculine/feminine, singular/plural).

    *Je suis all**é** en France.*
    *(Il est all**é** en France.)*

    *Je suis all**ée** en France.*
    *(Elle est all**ée** en France.)*

    *Vous êtes all**és** en France?*
    *Oui, nous sommes all**és** en France.*
    *On est all**és** en France.*
    *(Ils sont all**és** en France.)*

    *Vous êtes all**ées** en France?*
    *Oui, nous sommes all**ées** en France.*
    *On est all**ées** en France.*
    *(Elles sont all**ées** en France.)*

For perfect tense with reflexive verbs, see 7.12.

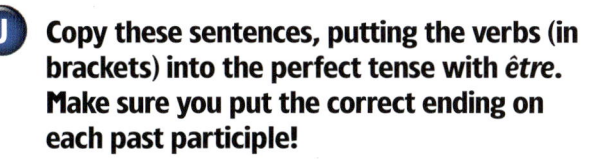

J Copy these sentences, putting the verbs (in brackets) into the perfect tense with *être*. Make sure you put the correct ending on each past participle!

1. Hier, ma sœur [aller] en vacances à Londres.
2. Nina et Sophie [rester] à Paris.
3. Joe [venir] voir son correspondant Max.
4. Joe et Max [aller] faire des courses.
5. Max et Nina [sortir] à Bercy avec Joe.
6. Les parents de Joe [venir] le chercher.

K Copy these sentences and put the verbs into the perfect tense with either *avoir* or *être*. Be careful with past participle endings!

1. Nina [organiser] une fête.
2. Max [arriver] en retard.
3. Les invités [manger] des gâteaux.
4. Max et Joe [boire] des sodas.
5. Les garçons [partir] vers 22 heures.
6. Les filles [rester] dormir chez Nina.

6.10 Reflexive verbs

Reflexive verbs need a pronoun between the subject and the verb.

subject	pronoun	verb	
Je	**me**	lève	(I get myself up) I get up.
Je	**m'**	habille	(I dress myself) I get dressed

Some common reflexive verbs: *se laver, se brosser les dents, se réveiller, s'amuser, s'ennuyer, se coucher, se reposer*

- The pronoun changes according to the subject it goes with:

je	+	**me / m'**	nous	+	**nous**
tu	+	**te / t'**	vous	+	**vous**
il / elle / on	+	**se / s'**	ils / elles	+	**se / s'**

- All reflexive verbs make their perfect tense with *être*. The reflexive pronoun goes in front of the part of *être*:

    *Je me **suis** brossé les dents.*
    I brushed my teeth.
    *Il s'**est** reposé dans le jardin.*
    He rested in the garden.

The past participle agrees with the subject in gender and in number:

*Anne s'est couch**ée** de bonne heure.*
Anne went to bed early.
*Ses parents se sont couch**és** plus tard.*
Her parents went to bed later.

cent quarante-et-un 141

Grammaire

6.11 The imperative

The imperative is the form of the verb you use to give someone an order, an instruction or advice:
Eat! Go to bed. Turn left.

When giving an instruction to:
- someone you say *tu* to: use the *tu* form of the verb, without the *tu* (and no final *-s* for *-er* verbs)
- someone you say *vous* to (or more than one person): use the *vous* form of the verb, without the *vous*

tu		vous
Mange!	Eat!	Mangez!
Tourne à gauche!	Turn left!	Tournez à gauche!
Fais du sport!	Do some sport!	Faites du sport!
Va au lit.	Go to bed.	Allez au lit.
Bois de l'eau.	Drink water.	Buvez de l'eau.

To tell someone not to do something, see 8.5.

> **L** Adapt the guide to a healthy lifestyle. Use verbs in the imperative to write advice as in the example.
>
> Example ✓ boire de l'eau – *Bois de l'eau! Oui, buvez tous de l'eau!*
>
> 1 ✓ aller au collège à pied
> 2 ✓ prendre un bon petit déjeuner
> 3 ✓ dormir au moins neuf heures
> 4 ✓ faire de l'exercice
> 5 ✓ manger des fruits et légumes
> 6 ✗ ne pas fumer

6.12 Verb + infinitive

Sometimes there are two verbs next to each other in a sentence. In French, the form of **the first verb depends on the subject**, and the second verb is in the infinitive.

J'aime aller au cinéma. I like going to the cinema.
Tu dois faire tes devoirs. You must do your homework.
On préfère lire ce livre. We prefer to read this book.
Il va manger une pomme. He's going to eat an apple.

- *aller* + infinitive – talking about the future
  Use the present tense of the verb *aller* followed by an infinitive to talk about something that is going to happen in the near future:
  Je vais retrouver Juliette à six heures.
  I'm going to meet Juliette at six o'clock.
  Ils vont manger au restaurant ce soir.
  They are going to eat at the restaurant this evening.

- *devoir, pouvoir, vouloir, savoir*
  These verbs are nearly always followed by the infinitive of another verb.
  devoir – to have to (must)
  Elle doit se coucher. **She has to** go to bed.
  Vous devez manger des fruits. **You must** eat fruit.

  pouvoir – to be able to (can)
  On peut se retrouver ce soir? **Can we meet** tonight?
  Je peux venir chez toi. **I can** come to your house.

  vouloir – to want
  Tu veux rester ici? **Do you want** to stay here?
  Ils veulent écouter des CD. **They want** to listen to CDs.

  savoir – to know (how to)
  Tu sais nager? **Can you/Do you know how to** swim?

See the full pattern of these verbs on pages 137–139.

> **M** Translate these sentences into French using a verb + infinitive.
>
> 1 I love going to the cinema.
> 2 I want to see the James Bond film.
> 3 We prefer doing sport.
> 4 Do you like dancing?
> 5 Do you want to dance?
> 6 No, I must do my homework.
> 7 He can't stay tonight.

Grammaire

6.13 jouer à/jouer de

To talk about playing games or sport, use *jouer à*:
J'aime jouer **au** football.   I like playing football.

To talk about playing a musical instrument, use *jouer de*:
Je joue **de la** guitare.   I play the guitar.

Remember: à + le = **au**   de + le = **du**
           à + les = **aux**   de + les = **des**

7 Negatives
la négation

In English, the negative form uses the word *not* or *-n't* as in *doesn't, don't, haven't, hasn't*.

In French, use **ne** ... **pas** around the verb (*ne* = *n'* in front of a vowel or a silent *h*):
Je **ne** suis **pas** français.   I'm **not** French.
Elle **n'**a **pas** de sandales.   She has**n't** got any sandals.
On **ne** regarde **pas** la télé.   We do**n't** watch TV.

7.1 ne ... jamais, ne ... rien, ne ... plus

There are other negatives which also go around the verb:

ne (or n') ... jamais   never
ne (or n') ... rien   nothing/not anything
ne (or n') ... plus   no longer, no more

Je **ne** vais **jamais** au cinéma.   I **never** go to the cinema.
Elle **ne** mange **rien**.   She does**n't** eat **anything**.
Ils **n'**habitent **plus** en France.   They **no longer** live in France.

> **N** Rewrite these sentences in the negative form. Say the opposite of what is underlined.
>
> Example **1** Je ne viens jamais dans ce magasin.
>
> 1 Je viens <u>toujours</u> dans ce magasin.
> 2 J'achète <u>beaucoup de choses</u>.
> 3 Là, je vois <u>des copains</u>.
> 4 J'ai <u>encore</u> de l'argent.
> 5 Je <u>m'amuse</u> quand je vais en ville.
> 6 J'ai <u>tout</u> visité!
> 7 J'<u>aime</u> visiter les musées.
> 8 Je <u>voudrais</u> revenir bientôt.

8 Asking questions

- Ask questions by making your voice go up at the end:
  Tu aimes le fromage.   Tu aimes le fromage?
  You *like* cheese.   Do you like cheese?

- You can start with *est-ce que* ...:
  Est-ce qu'il y a un bon film?   Is there a good film on?

- You can use question words:
  - **combien**
    Ça fait combien? How much is it?
    Tu es resté combien de temps? How long did you stay?
  - **comment**
    C'était comment? What was it like?
  - **où**
    Tu es allé où? Where did you go?
  - **pourquoi**
    Tu n'es pas venu. Pourquoi? You didn't come. Why?
  - **qu'est-ce que**
    Qu'est-ce que tu as fait? What did you do?
  - **quand**
    Tu es parti quand? When did you leave?
  - **quel/quelle/quels/quelles**
    Tu as quel âge? How old are you?
    Il est quelle heure? What time is it?
  - **qui**
    C'est qui? Who is it?
    Qui aime le rap? Who likes rap?
  - **quoi**
    C'est quoi, ton style préféré? What style do you prefer?

> **O** Complete the questions with the correct question words.
>
> 1 – Tu es parti, mais ***?
>   – Pour explorer le monde.
> 2 – Tu es parti ***?   – En Asie.
> 3 – Tu es parti ***?   – Le 1er janvier.
> 4 – Tu es parti ***?   – En avion.
> 5 – Tu es parti avec ***?   – Avec un copain.
> 6 – Tu es parti ***?   – Un an.
> 7 – *** tu as mangé?   – Du serpent.
> 8 – C'était ***?   – C'était délicieux!

cent quarante-trois 143

Grammaire

Answers to grammar activities

A 1 vieille, 2 beaux, 3 nouvelle, 4 violette, 5 grosse, 6 vieil

B
1 belles cartes postales
2 un nouveau film intéressant
3 deux bonnes nouvelles
4 une nouvelle copine française
5 mon vieux jean noir
6 une petite voiture rouge
7 des questions intelligentes
8 de vieilles chaussures démodées

C 1 sa, 2 son, 3 tes, 4 mon

D 1 la, 2 l', 3 les, 4 le

E 1 lui, 2 lui, 3 lui, 4 te

F 1 nagez, 2 écoute, 3 finis, 4 détestent, 5 attend, 6 regarde, 7 mangeons, 8 répondent

G 1 viens, 2 prenons, 3 doivent, 4 faites, 5 peut, 6 vais, 7 ont, 8 sont

H organisé, écrit, répondu, venu, fait, mis, dansé, bu, eu, pris, fini, été

I j'ai mangé, j'ai bu, j'ai fait, j'ai pris, j'ai marché, je n'ai pas choisi, j'ai joué, j'ai dormi

J 1 est allée 2 sont restées 3 est venu 4 sont allés 5 sont sortis 6 sont venus

K 1 a organisé 2 est arrivé 3 ont mangé 4 ont bu 5 sont partis 6 sont restées

L 1 va / allez 2 prends / prenez 3 dors / dormez 4 fais / faites 5 mange / mangez 6 ne fume pas / ne fumez pas

M
1 J'aime / adore aller au cinéma.
2 Je veux voir le film de James Bond.
3 On préfère / Nous préférons faire du sport.
4 Tu aimes / Vous aimez danser?
5 Tu veux / Vous voulez danser?
6 Non, je dois faire mes devoirs.
7 Il ne peut pas rester ce soir.

N
1 je ne viens jamais   5 je ne m'amuse pas
2 je n'achète rien   6 je n'ai rien visité
3 je ne vois personne   7 je n'aime pas visiter
4 je n'ai plus d'argent 8 je ne voudrais pas revenir

O 1 pourquoi, 2 où, 3 quand, 4 comment, 5 qui, 6 combien de temps, 7 Qu'est-ce que, 8 comment

Expressions utiles

Greetings

Hello	*Bonjour*
	Salut (to a friend)
Hello (after about 6.00 pm)	*Bonsoir*
Good night (when going to bed)	*Bonne nuit*
Goodbye	*Au revoir*
	Salut (to a friend)

The French tend to use *monsieur / madame* in greetings: *Bonjour, monsieur / madame.* (e.g. to a shopkeeper)

Linking words

Linking words join phrases and sentences together.

also	*aussi*
like	*comme*
and	*et*
but	*mais*
or	*ou*
because	*parce que, car*
when	*quand*
on the other hand	*par contre*
then	*puis/ensuite*
in addition, also	*en plus*

cent quarante-quatre

Grammaire

Quantities — *les quantités*

See grammar section 1.3 for how to say *some* and *any*.

noun + *de/d'*

a bottle of (lemonade)	*une bouteille de (limonade)*
a litre of (mineral water)	*un litre d'(eau minérale)*
a glass of (milk)	*un verre de (lait)*
a packet of (sweets)	*un paquet de (bonbons)*
a tin of (tuna)	*une boîte de (thon)*
a kilo of (carrots)	*un kilo de (carottes)*
100g of (cheese)	*100 grammes de (fromage)*
a slice of (ham)	*une tranche de (jambon)*
a slice/portion of (pizza)	*une part de (pizza)*

Days — *les jours de la semaine*

Monday	*lundi*
Tuesday	*mardi*
Wednesday	*mercredi*
Thursday	*jeudi*
Friday	*vendredi*
Saturday	*samedi*
Sunday	*dimanche*

Months — *les mois*

January	*janvier*
February	*février*
March	*mars*
April	*avril*
May	*mai*
June	*juin*
July	*juillet*
August	*août*
September	*septembre*
October	*octobre*
November	*novembre*
December	*décembre*

The time — *l'heure*

What time is it?	*Il est quelle heure?*
It is one o'clock.	*Il est une heure.*
What time is it at?	*C'est à quelle heure?*
It is at one o'clock.	*C'est à une heure.*
Il est …	
It's 7 pm (19.00).	*Il est dix-neuf heures.*
It's 1.15 pm (13.15).	*Il est treize heures quinze.*
It's 10.30 pm (22.30).	*Il est vingt-deux heures trente.*
It's 3.45 pm (15.45).	*Il est quinze heures quarante-cinq.*

Countries — *les pays*

Australia	*l'Australie*
Belgium	*la Belgique*
Burkina Faso	*le Burkina Faso*
Canada	*le Canada*
England	*l'Angleterre*
France	*la France*
Germany	*l'Allemagne*
Great Britain	*la Grande-Bretagne*
Ireland	*l'Irlande*
Italy	*l'Italie*
Luxembourg	*le Luxembourg*
New Caledonia	*la Nouvelle-Calédonie*
Northern Ireland	*l'Irlande du nord*
Scotland	*l'Écosse*
Spain	*l'Espagne*
Switzerland	*la Suisse*
the United States	*les États-Unis*
Wales	*le pays de Galles*
the West Indies	*les Antilles*

Numbers — *les nombres*

0	zéro		27	vingt-sept
1	un		28	vingt-huit
2	deux		29	vingt-neuf
3	trois		30	trente
4	quatre		40	quarante
5	cinq		50	cinquante
6	six		60	soixante
7	sept		70	soixante-dix
8	huit		71	soixante et onze
9	neuf		72	soixante-douze
10	dix		73	soixante-treize
11	onze		74	soixante-quatorze
12	douze		75	soixante-quinze
13	treize		76	soixante-seize
14	quatorze		77	soixante-dix-sept
15	quinze		78	soixante-dix-huit
16	seize		79	soixante-dix-neuf
17	dix-sept		80	quatre-vingts
18	dix-huit		81	quatre-vingt-un
19	dix-neuf		82	quatre-vingt-deux
20	vingt		90	quatre-vingt-dix
21	vingt-et-un		91	quatre-vingt-onze
22	vingt-deux		100	cent
23	vingt-trois		1000	mille
24	vingt-quatre			
25	vingt-cinq			
26	vingt-six			

cent quarante-cinq

Grammaire

Clic s'amuse! answers

Unit 1
Ça veut dire quoi? b
Proverbes 1 c; 2 a; 3 b
Casse-tête Il roule à gauche. (On roule à droite en France, et on ne voit pas la porte du bus donc il roule à gauche.)

Unit 2
Ça veut dire quoi? c
Casse-tête It reads the same backwards as it does forwards.

Unit 3
Ça veut dire quoi? c
Qui suis-je? Lyon

Unit 4
Ça veut dire quoi? a
Casse-tête: Qui suis-je? a candle (I was tall before being small)
Vive les couleurs! a rose; b bleue; c noir; d verts; e noires

Unit 5
Ça veut dire quoi? 1 b; 2 e; 3 d; 4 c; 5 a
Casse-tête d'origine japonaise – le judo, le karaté, l'aïkido
d'origine britannique – le football, le jogging, le hockey
d'origine espagnole – la corrida
Qui suis-je? 1 un menteur!; 2 le vent

Unit 6
Ça veut dire quoi? a
Casse-tête international: Qui suis-je? la lettre "a"
Proverbes 1 b; 2 a; 3 b

Glossaire

Key
nm masculine noun   *nf* feminine noun
pl plural   *v* verb   *adj* adjective
pp past participle

* Adjectives marked with an asterisk do not have a separate feminine form.

† Verbs marked with a dagger are formed with *être* (not *avoir*) in the perfect tense.

A

il/elle/on **a** he/she has; we/you have – *from* **avoir**
à to
d' **abord** first
d' **accord** OK
être d' **accord** to agree
j' **achète** I buy – *from* **acheter**
acheter *v* to buy
un **acteur** *nm* an actor
une **actrice** *nf* an actress
une **adresse** *nf* an address
les **affaires** *nf pl* 1) clothes, stuff 2) business
une **affiche** *nf* a poster
Tu as quel **âge?** How old are you?
j' **ai** I have – *from* **avoir**
j' **ai 15 ans** I'm 15 years old
aider *v* to help
aïe! ouch! oh dear!
l' **ail** *nm* garlic
ailleurs elsewhere
aimer *v* to like
j' **aimerais** (+ *infinitive*) I would like to...
ajouter *v* to add
allé gone *pp* of **aller**
l' **Allemagne** *nf* Germany
allemand/allemande *adj* German
aller *v* † to go
aller chercher *v* † to collect, to fetch
Allô! Hello! (*on the phone*)
une **allumette** *nf* a match
alors so
un/une **alpiniste** *nm/nf* a mountain climber
améliorer *v* to improve
amener *v* to take
américain/américaine *adj* American
l' **amitié** *nf* friendship
s' **amuser** *v* † to have fun
un **an** *nm* a year
un **ananas** *nm* a pineapple
anglais/anglaise *adj* English
un/une **Anglais/Anglaise** *nm/nf* an Englishman/Englishwoman
l' **Angleterre** *nf* England
un **animal** (*pl* **des animaux**) *nm* an animal
les **animations** *nf pl* activities

l' **année dernière** *nf* last year
l' **année prochaine** *nf* next year
les **années soixante** *nf pl* the 1960s
un **anniversaire** *nm* a birthday
août *nm* August
un **appartement** *nm* an apartment, a flat
s' **appeler** *v* † to be called
Je m' **appelle**... My name is...
apprendre *v* to learn
appris learned *pp* of **apprendre**
après after
l' **après-midi** *nm* (in the) afternoon
l' **arabe** *nm* Arabic
un **arbitre** *nm* a referee, an umpire
l' **argent** *nm* money
l' **argent de poche** *nm* pocket money
une **armoire** *nf* a wardrobe
un **arrêt de bus** *nm* a bus stop
arrêter *v* 1) to stop 2) to arrest
arriver *v* † to arrive
un **arrondissement** *nm* a district, borough (of Paris)
tu **as** you have – *from* **avoir**
un **ascenseur** *nm* a lift, an elevator
assez quite
une **assiette** *nf* a plate
un/une **athlète** *nm/nf* an athlete
l' **athlétisme** *nm* athletics
atteindre *v* to attain, to win
atteint attained, won *pp* of **atteindre**
attendre *v* to wait
attraper *v* to catch
au (+ *nm*) to the = **à** + **le**
Au revoir! Goodbye!
aujourd'hui today
l' **automne** *nm* autumn
autour de around
autre* *adj* other
aux (+ *npl*) to the = **à** + **les**
en **avance** in advance, early
avant before
avec with
vous **avez** you have – *from* **avoir**
un **avion** *nm* an aeroplane
un **avis** *nm* an opinion
à ton/votre **avis** in your opinion
avoir *v* to have
avril *nm* April

B

les **bagages** *nm pl* suitcases, luggage
une **bague** *nf* a ring
se **baigner** *v* † to swim in the sea
une **baleine** *nf* a whale
en **bande** in a group (*of friends*)

une **banque** *nf* a bank
un **bar-tabac** *nm* a bar which sells stamps and tobacco
en **bas** downstairs
le **basket** *nm* basketball
les **baskets** *nf pl* trainers
un **basketteur** *nm* a (*male*) basketball player
une **basketteuse** *nf* a (*female*) basketball player
une **bataille** *nf* a battle
un **bateau** (*pl* **des bateaux**) *nm* a boat
un **bâtiment** *nm* a building
battre *v* to beat
beau/bel/belle/beaux/belles *adj* beautiful, handsome
il fait **beau** the weather's fine
beaucoup de a lot of
un **bébé** *nm* a baby
belge* *adj* Belgian
la **Belgique** *nf* Belgium
belle *adj* – *see* **beau**
un/une **bénévole** *nm/nf* volunteer
avoir **besoin de** *v* to need
le **béton** *nm* concrete
le **beurre** *nm* butter
beurré/beurrée *adj* buttered
bien (+ *verb*) well
bien sûr of course
bientôt soon
À **bientôt!** See you soon!
Bienvenue! Welcome!
les **bijoux** *nm pl* jewellery
un **billet** *nm* a ticket
blanc/blanche *adj* white
bleu/bleue *adj* blue
blond/blonde *adj* blonde
un **blouson** *nm* a bomber-style jacket
boire *v* to drink
je/tu **bois** I/you drink – *from* **boire**
le **bois** *nm* wood
une **boisson** *nf* a drink
il/elle/on **boit** he/she drinks; we/you drink – *from* **boire**
une **boîte** *nf* a box, a can
une **boîte de nuit** *nf* a night club
bon/bonne *adj* good, right
Bon courage! Take heart!
bon marché* *adj* cheap
Bon voyage! Have a good trip!
un **bonbon** *nm* a sweet
le **bonheur** *nm* happiness
Bonjour! Hello!
bonne *adj* – *see* **bon**
de **bonne heure** early
Bonne nuit! Goodnight!
la **bonne volonté** *nf* goodwill
Bonsoir! Good evening!

cent quarante-sept 147

Glossaire

au	**bord de la mer** at/to the seaside	
la	**bouche** *nf* mouth	
une	**boucle d'oreille** (*pl* **des boucles d'oreilles**) *nf* earring	
une	**boulangerie** *nf* a baker's	
un	**boulevard** *nm* a boulevard (*wide, straight city street*)	
un	**boulot** *nm* a task, job	
une	**boum** *nf* a party	
le	**bout** *nm* end	
une	**bouteille** *nf* a bottle	
une	**boutique** *nf* a (small) shop	
la	**boxe** *nf* boxing	
un	**boxeur** *nm* a (*male*) boxer	
une	**boxeuse** *nm* a (*female*) boxer	
le	**bras** *nm* arm	
un	**brassard** *nm* a sweatband	
la	**Bretagne** *nf* Brittany	
	breton/bretonne *adj* Breton	
	britannique* *adj* British	
une	**brosse à dents** *nf* a toothbrush	
se	**brosser les dents** *v* † to brush one's teeth	
un	**bruit** *nm* a noise	
	brûlé/brûlée *adj* burnt	
	brun/brune *adj* brown	
	bu drunk *pp of* **boire**	
une	**bulle** *nf* a (speech) bubble	

C

Ça me plaît I like it
Ça ne fait rien! It doesn't matter!
Ça s'écrit comment? How do you write it? How do you spell it?
Ça se prononce comment? How do you pronounce it?
Ça va? How are you? (*to a friend*)
Ça va I'm fine
une **cabine** *nf* a fitting room
cacher *v* to hide
un **cadeau** (*pl* **des cadeaux**) *nm* a present
un **cahier** *nm* an exercise book
un **camion** *nm* a lorry
le **canoë** *nm* canoe, canoeing
une **capitale** *nf* a capital (city)
car because
un **car** *nm* a coach (*transport*)
à **carreaux** checked
une **carte** *nf* 1) a card 2) a map 3) a menu
une **carte postale** *nf* a postcard
le **carton** *nm* cardboard
une **casquette** *nf* a (baseball) cap
casser *v* to break
se **casser la jambe, le bras...** *v* † to break one's leg, arm...
un **cauchemar** *nm* a nightmare

ce/cet/cette/ces this/these
Ce n'est pas la peine! It's not worth it!
une **ceinture** *nf* a belt
Cela m'est égal! I don't mind!
célèbre* *adj* famous
cent one hundred
cent deux one hundred and two
cent un one hundred and one
un **centre-ville** *nm* a town or city centre
un **cerceau** (*pl* **des cerceaux**) *nm* a ring, hoop
une **cerise** *nf* a cherry
c'est-à-dire that is, that's to say
C'est par où? Which way is it?
une **chaîne** *nf* a (TV) channel
la **chaleur** *nf* heat
un **championnat** *nm* a championship
la **chance** *nf* luck
un **changement** *nm* a change
se **changer** *v* † to get changed
une **chanson** *nf* a song
chanter *v* to sing
un **chanteur** *nm* a (*male*) singer
une **chanteuse** *nf* a (*female*) singer
un **chapeau** (*pl* **des chapeaux**) *nm* a hat
chaque* each
la **charcuterie** *nf* 1) a pork butcher's and delicatessen 2) cooked pork meats
chasser *v* 1) to chase 2) to hunt
un **chat** *nm* a cat
un **château** (*pl* **des châteaux**) *nm* a castle, palace, chateau
se **chauffer** *v* † to keep warm
les **chaussettes** *nf pl* socks
les **chaussures** *nf pl* shoes
un **chef d'entreprise** *nm* a boss, director
le **chemin** (**pour/de**) *nm* the way (to)
une **chemise** *nf* a shirt
cher/chère 1) expensive 2) dear (*beloved*)
un **cheval** (*pl* **des chevaux**) *nm* a horse
les **cheveux** *nm pl* hair
chez Robert at Robert's (house)
un **chien** *nm* a dog
un **chiffre** *nm* a number (*digit*)
les **chips** *nf pl* crisps
choisir *v* to choose
un **choix** *nm* a choice
le **ciel** *nm* sky
cinq five
cinquante fifty
cinquante-deux fifty-two
cinquante et un fifty-one

cinquième* *adj* fifth
en **cinquième** (in France etc.) = in Year 8
un **citron** *nm* a lemon
un **client** *nm* a (*male*) customer
une **cliente** *nf* a (*female*) customer
cocher *v* to tick
le **cœur** *nm* heart
le **Colisée** *nm* the Coliseum (*a famous arena in Rome*)
collectionner *v* to collect
un **collège** *nm* a secondary school (*11–15*)
un **collégien** *nm* a (secondary) schoolboy
une **collégienne** *nf* a (secondary) schoolgirl
un **collier** *nm* a necklace
combien? how much?
commander *v* to order (*e.g. in restaurant*) (*not* 'to command'!)
comme like
commencer *v* to start
comment? how?
un **commissaire de police** *nm* a superintendent
comprendre *v* to understand
compris understood *pp of* **comprendre**
compter *v* to count
un **concours** *nm* a competition
avoir **confiance** (**+ en**) to trust (someone)
faire **confiance** (**+ à**) to trust (someone)
connaître *v* to know (*a person, place*)
connu *pp of* **connaître**
la **conquête** *nf* conquest
un **conseil** *nm* a piece of advice
conseiller *v* to advise
construire *v* to construct
construit built *pp of* **construire**
content/contente *adj* happy, content
un **copain** *nm* a (*male*) friend
une **copine** *nf* a (*female*) friend
le **corps** *nm* body
un **correspondant** *nm* a (*male*) correspondent, penfriend
une **correspondante** *nm* a (*female*) correspondent, penfriend
corriger *v* to correct
à **côté du/de la/des** next to
le **cou** *nm* neck
se **coucher** *v* † to go to bed
un **coucou** *nm* a cuckoo
le **coude** *nm* elbow
une **couleur** *nf* a colour
coupable* *adj* guilty
couper *v* to cut
se **couper au genou, au doigt...** *v* † to cut one's knee, finger...

148 cent quarante-huit

Glossaire

une **cour de récré(ation)** nf a playground
courir v to run
un **cours** nm a lesson, course
au **cours de** in the course of
court/courte adj short
un **cousin** nm a (*male*) cousin
une **cousine** nf a (*female*) cousin
un **couteau** nm a knife
une **cravate** nf a tie
créer v to create
un **cri** nm a shout
crier v to shout
croire v to believe
cru believed pp of **croire**
une **cuiller** nf a spoon
une **cuillerée** nf a spoonful
le **cuir** nm leather
faire **cuire** v to cook (*something*)
la **cuisine** nf 1) kitchen 2) cooking

D

d'abord first
d'accord OK
le **Danemark** nm Denmark
dangereux/dangereuse adj dangerous
danois/danoise adj Danish
dans in
dauphin nm the Dauphin (title given to the heir to the French throne)
de from, of
décembre nm December
décevoir v to disappoint
découvrir v to discover
décrire v to describe
en **dehors de** outside of, other than
déjeuner v to have lunch
demain tomorrow
demander v to ask
déménager v to move house
dépenser v to spend
les **dépenses** nf pl expenditure
déplier v to unfold
depuis since, for (*time*)
dernier/dernière adj last
derrière behind
des 1) some 2) from the
= **de + les**
descendre v † to go down
désolé/désolée adj sorry
un **dessin** nm a drawing
dessiner v draw
détester v to dislike
deux two
à **deux** in a pair
deuxième* adj second

devant in front of
devenir v † to become
deviner v to guess
devoir v to have to, 'must'
les **devoirs** nm pl homework
un **dictionnaire** nm dictionary
dimanche nm (on) Sunday
dîner v to have dinner
dire v to say
un **directeur** nm a headmaster
une **directrice** nf a headmistress
je/tu **dis** I/you say – *from* **dire**
discuter v to discuss, to talk
se **disputer (+ avec)** v to argue (with)
dit said pp of **dire**
dix ten
dix-huit eighteen
dix-neuf nineteen
dixième* adj tenth
un **doigt** nm a finger
je/tu **dois** I/you must
(c'est) **dommage!** it's a shame!
donner v to give
dormir v to sleep
le **dos** nm back
se **doucher** v † to have a shower
doux/douce adj sweet, gentle
douze twelve
un **drapeau** (*pl* **des drapeaux**) nm a flag
un **drogué** nm a (*male*) drug addict
une **droguée** nf a (*female*) drug addict
le **droit** nm law
(tout) **droit** straight on
à **droite** to the right
drôle* adj funny
dû had to pp of **devoir**
dur/dure adj hard
la **durée** nf length, duration

E

l' **eau** nf water
échanger v to exchange
une **écharpe** nf a scarf
les **échecs** nm pl chess
une **école** nf a school
une **école maternelle** nf an infant school
une **école primaire** nf a primary school
écolo(gique)* adj ecological
écossais/écossaise adj Scottish
l' **Écosse** nf Scotland
écouter v to listen
écrire v to write
écrit written pp of **écrire**
une **église** nf a church
un/une **élève** nm/nf a pupil

elle 1) she/it 2) her (*after prepositions such as* **après**, **chez** *etc. or for emphasis*)
elles 1) they 2) them (*f pl*) (*after prepositions such as* **après**, **chez** *etc. or for emphasis*)
une **émission** nf a (television) programme
un **emploi** nm a job
en 1) in 2) some, any, of it
encore still; again
s' **endormir** v † to fall asleep
un **endroit** nm a place
l' **enfer** nm hell
s' **ennuyer** v † to be bored
ennuyeux/ennuyeuse adj boring
une **enquête** nf an enquiry
ensemble together
ensuite next, then
s' **entendre (+ avec)** v † to get on (with a person)
entier/entière adj whole, entire
l' **entraînement** nm training
s' **entraîner** v † to train
entre between
une **entrée** nf an entrance
une **entreprise** nf a firm (*business*)
entrer (+ dans) v † to enter, to go into
avoir **envie de** to want to
environ about
s' **envoler (+ vers)** v † to take off (for)
envoyer v to send
une **épaule** nf a shoulder
épouser v to marry
une **équipe** nf a team
les **équipements** nm pl equipment
équiper v to equip
l' **équitation** nf horse-riding
une **erreur** nf a mistake
tu **es** you are – *from* **être**
l' **escalade** nf climbing
l' **escrime** nf fencing
l' **espace** nm 1) space 2) (= *universe*) space
l' **Espagne** nf Spain
espagnol/espagnole adj Spanish
espérer v to hope
l' **espoir** nm hope
essayer v to try
il/elle/on **est** he/she is; we/you are – *from* **être**
l' **est** nm east
et and
un **étage** nm a floor, level
à l' **étage** upstairs
les **États-Unis** nm pl the United States
aux **États-Unis** in/to the United States
l' **été** nm summer
été been pp of **être**

cent quarante-neuf 149

Glossaire

vous êtes you are – *from* être
une étoile *nf* a star
étranger/étrangère *adj* foreign, strange
un/une étranger/étrangère *nm/nf* a foreigner, stranger
être *v* to be
étudier *v* to study
eu had *pp of* avoir
eux them (*m pl*) (*after prepositions such as* après, chez *etc. or for emphasis*)
un événement *nm* an event
Je m' excuse! I'm sorry!
s' excuser *v* † to apologise
par exemple for example
expliquer *v* to explain
une exposition *nf* an exhibition

F

fabriquer *v* to make
en face du/de la/des opposite
facile* *adj* easy
une façon *nf* a way
j'ai faim I'm hungry
faire *v* to make, to do
faire (+ de) *v* to do (*a sport*)
fait made *pp of* faire
falloir *v* to be necessary
une famille *nf* a family
fatigué/fatiguée *adj* tired
il faut + *infinitive* it is necessary to – *from* falloir
une faute *nf* a mistake
les fautes d'orthographe *nf pl* spelling mistakes
une femme *nf* 1) a woman 2) a wife
une fenêtre *nf* a window
fermer *v* to close
une fête *nf* a party
février *nm* February
une fiche *nf* a record sheet, form
fier/fière *adj* proud
une fille *nf* 1) a girl 2) a daughter
un fils *nm* a son
à la fin de at the end of
finir *v* to finish
une fleur *nf* a flower
flotter *v* to float
fluo* *adj* fluorescent
une fois *nf* a time, once
le foot(ball) *nm* football
une forêt *nf* a forest
la forme *nf* fitness, well-being
être en forme to be fit
fort/forte *adj* strong
fort loudly

une fourchette *nf* a fork
français/française *adj* French
en français in French
un Français *nm* a Frenchman
une Française *nf* a Frenchwoman
la France *nf* France
en France in/to France
la franchise *nf* sincerity
frapper *v* to hit, to strike
frisé/frisée *adj* frizzy, curly
les frites *nf pl* chips
froid/froide *adj* cold
avoir froid to be cold (*of a person*)
il fait froid it's cold (*weather*)
le fromage *nm* cheese
une frontière *nf* a border
fumer *v* to smoke
une fusée *nf* a rocket
fusiller *v* to shoot

G

gagner *v* to win, to earn
gallois/galloise *adj* Welsh
un gant *nm* a glove
un garçon *nm* a boy
Garçon! Waiter!
garder *v* to keep, to look after
garder la forme *v* to keep fit
une gare *nf* a railway station
un gâteau (*pl* des gâteaux) *nm* a cake
à gauche to the left
génial/géniale/géniaux/géniales *adj* great, brilliant
un genou (*pl* les genoux) *nm* a knee
les gens *nm pl* people
gentil/gentille *adj* nice
la gentillesse *nf* kindness
une glace *nf* 1) an ice cream 2) a mirror
un glaçon *nm* an ice cube
glisser *v* to slip, to slide
une gomme *nf* a rubber (*eraser*)
un goût *nm* a taste
goûter au/à la/aux *v* to taste, to try (*food*)
grand/grande *adj* big, tall
une grand-mère *nf* a grandmother
un grand-père *nm* a grandfather
la Grande-Bretagne *nf* Great Britain
les grandes vacances *nf pl* summer holidays
gratuit/gratuite *adj* free (*without cost*)
grave* *adj* serious
grec/grecque *adj* Greek
la Grèce *nf* Greece
gris/grise *adj* grey
gros/grosse *adj* fat

grossir *v* to get fat
une guerre *nf* a war
un gymnase *nm* a gymnasium

H

un habitant *nm* an inhabitant
J' habite à… I live in…
habiter *v* to live
d' habitude usually
une héroïne *nf* a heroine
un héros *nm* a hero
une heure *nf* an hour
à l' heure per hour
de bonne heure early
Quelle heure est-il? What time is it?
il est (une) heure it's (one) o'clock
à (sept) heures at (seven) o'clock
à (dix) heures et demie at half past (ten)
hier yesterday
hier soir yesterday evening
une histoire *nf* a story
l' histoire *nf* history
l' hiver *nm* winter
un homme *nm* a man
un homme d'affaires *nm* a businessman
un hôpital (*pl* des hôpitaux) *nm* a hospital
huit eight
huitième* *adj* eighth
humanitaire* *adj* humanitarian

I

une idée *nf* an idea
il he/it
il n'y a pas de/d'… there isn't/aren't any…
il y a un/une/des… there is/there are…
il y a (dix) ans (ten) years ago
une île *nf* an island
ils they (*m pl*)
un immeuble *nm* a block of flats
impoli/impolie *adj* impolite, rude
impressionnant/impressionnante *adj* impressive
l' informatique *nf* IT
inoubliable* *adj* unforgettable
s' installer *v* † to sit down, to settle into
intéressant/intéressante *adj* interesting
les invités *nm pl* guests
irlandais/irlandaise *adj* Irish
l' Irlande *nf* Ireland
l'Italie *nf* Italy
italien/italienne *adj* Italian

150 cent cinquante

Glossaire

J

- la **jalousie** *nf* jealousy
- **jamais** never; *see* **ne... jamais**
- une **jambe** *nf* a leg
- le **jambon** *nm* ham
- **janvier** *nm* January
- le **japonais** *nm* Japanese
- un **jardin** *nm* a garden
- **jaune*** *adj* yellow
- **je** I
- un **jeu** (*pl* **des jeux**) *nm* a game
- un **jeu de société** (*pl* **des jeux de société**) *nm* a board game
- **jeudi** *nm* (on) Thursday
- **jeune*** *adj* young
- les **jeunes** *nm pl* young people
- la **jeunesse** *nf* youth
- **jouer** *v* (+ **à**) to play (*a sport*); (+ **de**) to play (*an instrument*)
- un **jouet** *nm* a toy
- un **joueur** *nm* a (*male*) player
- une **joueuse** *nf* a (*female*) player
- un **jour** *nm* a day
- un **jour férié** *nm* a bank holiday
- un **journal** (*pl* **des journaux**) *nm* a newspaper
- une **journée** *nf* a day
- la **journée scolaire** *nf* school day
- **juillet** *nm* July
- **juin** *nm* June
- une **jupe** *nf* a skirt
- le **jus** *nm* juice
- **jusqu'au/à la/aux...** (all the way) to...
- **juste** just

K

- un **kiosque** *nm* a newspaper stand, kiosk

L

- **la** the (+ *nf*)
- **là** there
- un **lac** *nm* a lake
- une **laisse** *nf* a (dog) lead
- **laisser** *v* to leave (behind)
- le **lait** *nm* milk
- **lancer** *v* to throw
- une **langue** *nf* 1) a tongue 2) a language
- se **laver** *v* † to get washed
- **le** the (+ *nm*)
- les **légumes** *nm pl* vegetables
- **lent/lente** *adj* slow
- **les** the (+ *pl*)
- **leur/leurs** their
- **lever** *v* to lift
- se **lever** *v* † to get up
- **libérer** *v* to liberate
- **libre*** *adj* free (*liberated*)
- le **lieu de résidence** *nm* place of residence
- une **ligne** *nf* a line
- **lire** *v* to read
- un **lit** *nm* a bed
- un **livre** *nm* a book
- **loin** far
- **Londres** London
- **long/longue** *adj* long
- **longtemps** a long time
- **lu** read *pp of* **lire**
- **lui** 1) to him, to her, to it 2) him (*after prepositions such as* **après**, **chez** *etc. or for emphasis*)
- **lundi** *nm* (on) Monday
- la **lune** *nf* the moon
- les **lunettes** *nf pl* glasses (= *spectacles*)
- les **lunettes de soleil** *nf pl* sunglasses

M

- **madame** (*pl* **mesdames**) Madam
- **mademoiselle** (*pl* **mesdemoiselles**) Miss
- un **magasin** *nm* a shop
- un grand **magasin** *nm* a department store
- un **magasin de sport** *nm* a sports shop
- **mai** *nm* May
- **maigre*** *adj* thin, skinny
- un **maillot** *nm* a vest
- la **main** *nf* hand
- à la **main** by hand
- **maintenant** now
- se **maintenir en forme** *v* † to keep fit
- la **mairie** *nf* town hall
- **mais** but
- une **maison** *nf* a house
- **mal** bad(ly)
- avoir **mal au dos, à la tête, à la gorge...** to have backache, a headache, a sore throat...
- faire **mal** to hurt
- **malade*** *adj* sick, ill
- une **manche** *nf* a sleeve
- **manger** *v* to eat
- les **manières de table** *nf pl* table manners
- **manquer** *v* to be missing
- un **manteau** (*pl* **des manteaux**) *nm* a coat
- le **maquillage** *nm* make-up
- **marcher** *v* to walk
- **mardi** *nm* (on) Tuesday
- un **mari** *nm* a husband
- se **marier** *v* † to get married
- le **Maroc** *nm* Morocco
- **marocain/marocaine** *adj* Moroccan
- une **marque** *nf* a brand
- **marron*** *adj* brown (*of eyes*)
- **mars** *nm* March
- un **match nul** *nm* a tie
- une **matière** *nf* a (school) subject
- le **matin** *nm* (in the) morning
- **mauvais/mauvaise** *adj* bad
- **me** (to) me
- **méchant/méchante** *adj* bad, naughty
- une **médaille** *nf* a medal
- un **médecin** *nm* a doctor (**une femme médecin** = a woman doctor)
- **meilleur/meilleure** *adj* better
- le/la **meilleur/meilleure** *adj* the best
- un **mélange** *nm* a mixture
- **mélanger** *v* to mix
- **même*** *adj* same, even
- la **mémoire** *nf* memory
- **mentionner** *v* to mention
- la **mer** *nf* sea
- **Merci!** Thanks!
- **mercredi** *nm* (on) Wednesday
- une **mère** *nf* a mother
- **merveilleux/merveilleuse** *adj* wonderful
- un **métier** *nm* a job, profession
- le **métro** *nm* the Underground
- **mettre** *v* to put; to put on (*an item of clothing*)
- à **midi** at midday
- **mille** a thousand
- des **milliers de** thousands of
- **mince*** *adj* thin, slender
- à **minuit** at midnight
- **mis** put *pp of* **mettre**
- les **mitaines** *nf pl* fingerless gloves, mittens
- **moche*** *adj* ugly, awful
- la **mode** *nf* fashion
- à la **mode** fashionable
- **moi** me (*after prepositions such as* **après**, **chez** *etc. or for emphasis*)
- au **moins** at least (*with numbers*)
- du **moins** at least
- le **mois** *nm* month
- **mon/ma/mes** my
- le **monde** *nm* the world
- **mondial/mondiale/mondiaux/ mondiales** *adj* world
- **monsieur** (*pl* **messieurs**) Sir
- une **montagne** *nf* a mountain
- **monter** *v* † to go up
- **montrer** *v* to show
- un **morceau** (*pl* **des morceaux**) *nm* a bit, piece

cent cinquante-et-un 151

Glossaire

    mort/morte *adj* dead; *pp of* **mourir**
un **mot** *nm* a word
une **moto(cyclette)** *nf* a motorbike
    mourir *v* † to die
le **mur** *nm* wall
    mûr/mûre *adj* ripe
la **musculation** *nf* weight training, bodybuilding
un **musée** *nm* a museum
un **musicien** *nm* a (*male*) musician
une **musicienne** *nf* a (*female*) musician
la **musique** *nf* music

N

    nager *v* to swim
la **naissance** *nf* birth
    naître *v* † to be born
la **natation** *nf* swimming
faire **naufrage** to be shipwrecked
    ne... jamais never
    ne... pas not
    ne... personne no one
    ne... plus no longer, not any more
    ne... rien nothing
    né/née born *pp of* **naître**
la **neige** *nf* snow
il **neige** it's snowing
    nettoyer *v* to clean
    neuf nine
    neuvième* *adj* ninth
le **nez** *nm* nose
    Noël *nm* Christmas
    noir/noire *adj* black
un **nombre** *nm* a number
    non no
le **nord** *nm* north
    notre/nos our
la **nourriture** *nf* food
    nous we
    nouveau/nouvel/nouvelle/ nouveaux/nouvelles *adj* new
    novembre *nm* November
le **noyau d'olive** (*pl* **des noyaux d'olive**) *nm* olive stone
un **nuage** *nm* a cloud
la **nuit** *nf* night
    nul/nulle *adj* rubbish, terrible
un **numéro (de téléphone)** *nm* a (telephone) number
    numéroter *v* to number

O

    occupé/occupée *adj* 1) busy 2) occupied
s' **occuper de** *v* † to look after
    octobre *nm* October

un **œil** (*pl* **les yeux**) *nm* an eye
un **œuf** *nm* an egg
    offrir *v* 1) to give (*as a present*) 2) to offer
    on we, you, one
    on y va! let's go!
ils/elles **ont** they have – *from* **avoir**
    onze eleven
une **orange** *nf* an orange
    orange* *adj* orange
un **ordinateur** *nm* a computer
un **ordinateur portable** *nm* a laptop
une **oreille** *nf* an ear
l' **orthographe** *nf* spelling
    ou or
    où where
    oublier *v* to forget
l' **ouest** *nm* west
    oui yes
    ouvert/ouverte *adj* open; *pp of* **ouvrir**
    ouvrir *v* to open

P

le **pain** *nm* bread
la **paix** *nf* peace
un **pantalon** *nm* (a pair of) trousers
    Pâques *nm pl* Easter
    par through
C'est **par où?** How do you get there?
    par contre on the other hand
    par ici through here, around here
    par an, mois, semaine... per year, per month, per week...
un **parapluie** *n* an umbrella
un **parc d'attractions** *nm* a theme park
    parce que because
    Pardon! Excuse me!
entre **parenthèses** in brackets
    paresseux/paresseuse *adj* lazy
    parfait/parfaite *adj* perfect
un **parking** *nm* a car park
    parler *v* to speak
    partager *v* to share
un/une **partenaire** *nm/nf* a partner
    participer à *v* to take part in
une **partie** *nf* a part (*not* 'party'!)
faire **partie de** to be part of
    partir *v* † to leave
    pas not; *see* **ne... pas**
    Pas de problème! No problem!
un **passeport** *nm* a passport
    passer *v* 1) to spend (*time*) 2) to take (*an exam*)
un **passe-temps** *nm* a hobby
    passionnant/passionnante *adj* fascinating
    passionner *v* to fascinate
le **patinage** *nm* skating
    patiner *v* to skate
    pauvre* *adj* poor
un **pays** *nm* a country
les **Pays-Bas** *nm pl* the Netherlands
la **pêche** *nf* fishing
une **pêche** *nf* a peach
une **pelouse** *nf* a lawn
    pendant during, for (*time*)
    penser *v* to think
    perdre *v* to lose
    perdu/perdue *adj* lost; *pp of* **perdre**
un **père** *nm* a father
    permettre (à + *person* **de** + *infinitive*) *v* to allow (someone to do something)
    permis/permise *adj* allowed; *pp of* **permettre**
une **personne** *nf* a person
    personne *see* **ne... personne**
la **pétanque** *nf* bowls game played in France
    petit/petite *adj* small
    petit à petit little by little
les **petits-enfants** *nm pl* grandchildren
un **peu** a little
avoir **peur** to be afraid
    peureux/peureuse *adj* fearful, timid
je/tu **peux** I/you can – *from* **pouvoir**
une **pharmacie** *nf* a chemist's
une **phrase** *nf* a sentence
une **pièce** *nf* 1) a room 2) a coin 3) (**de théâtre**) a play
le **pied** *nm* foot
à **pied** on foot
au **pied du/de la/des** at the foot of
un **piercing** *nm* a piercing
une **pincée de** a pinch of
une **piscine** *nf* a swimming pool
    pittoresque* *adj* picturesque
une **place** *nf* a city/town square
une **plage** *nf* a beach
avec **plaisir!** gladly! with pleasure!
    plat/plate *adj* flat (*even*)
un **plat** *nm* 1) a dish (bowl etc.) 2) a dish (recipe)
    plein/pleine de full of
    pleurer *v* to cry
il **pleut** it's raining – *from* **pleuvoir**
    pleuvoir *v* to rain
la **plongée** *nf* diving
la **pluie** *nf* rain
la **plupart** *nf* the majority, most
    plus more
    plus *see* **ne... plus**
    plus beau/grand/petit... more beautiful, bigger, smaller...

Glossaire

plus tard later
en plus in addition
plus ou moins more or less
plusieurs* adj several
plutôt rather
un poète nm a poet
le poids nm weight
la pointure nf shoe size
à pois spotted
un poisson nm a fish
poli/polie adj polite
un policier nm a policeman
une policière nf a policewoman
la politesse nf politeness
polluer v to pollute
la Pologne nf Poland
polonais/polonaise adj Polish
une pomme nf an apple
un portable nm a mobile (telephone)
porter v to wear
portugais/portugaise adj Portuguese
le Portugal nm Portugal
poser v to put
poser une question v to ask a question
une poste nf a post office
un poste de police nm a police station
le poulet nm chicken
pour for
pour (+ infinitive) in order to...
pourquoi? why?
pourtant nevertheless
pousser v to push, to grow
pouvoir v to be able to, 'can'
pratiquer v to practise, do (sport)
préféré/préférée adj favourite
je préfère I prefer – from préférer
préférer v to prefer
premier/première adj first
prendre v to take
se préparer (+ à + infinitive) v † to prepare oneself (to do something)
près de close to
presque almost
principal/principale/principaux/principales adj main
pris taken pp of prendre
privé/privée adj private
Pas de problème! No problem!
prochain/prochaine adj next
un prof(esseur) nm teacher (used for both men and women)
le printemps nm spring (season)
un projet nm a project, plan
une promenade nf a walk
une promenade en bateau nf a boat trip
se promener v † to go for a walk

proposer v 1) to suggest 2) to offer
une prune nf a plum
pu been able to pp of pouvoir
la publicité nf advertising
puer v to stink
puis then
puisque since
un pull nm a pullover, jumper

Q

se qualifier v † to qualify
quand? when?
quand même even so
quarante forty
quarante-deux forty-two
quarante et un forty-one
un quart d'heure nm a quarter of an hour
un quartier nm a neighbourhood
quatorze fourteen
quatre four
quatre-vingts eighty
quatre-vingt-dix ninety
quatre-vingt-onze ninety-one
quatre-vingt-un eighty-one
quatrième* adj fourth
que which, that, whom
Qu'est-ce que...? What...?
Qu'est-ce que c'est? What is it?
Qu'est-ce qu'il y a? What's the matter?
Que faire? What should I do?
quel/quelle/quels/quelles? which?
Quelle blague! What rubbish!
Quelle surprise! What a surprise!
quelque* adj some
quelque chose something
quelqu'un someone
Pas question! No way!
une queue nf 1) a tail 2) a queue
qui who, which, that
quinze fifteen
quinze jours a fortnight
quitter v to leave (place)
quoi? what?

R

raconter v to tell (a story)
raide* adj straight (of hair)
avoir raison to be right
ramener v to bring/take back
ranger v to tidy up
une raquette nf a racket
rasé/rasée adj shaved
ravi/ravie adj delighted
ravissant/ravissante adj lovely

à rayures striped
réaliste* adj realistic
une recette nf a recipe
recevoir v to receive, to get
reconnaître v to recognise
reconnu recognised pp of reconnaître
reçu received pp of recevoir
refaire v to redo
réfléchir v to think, to reflect
un refuge nm 1) a shelter 2) a traffic island
regarder v to look at, to watch
je regrette I'm sorry
remarquer v to notice
remercier v to thank
remettre de l'ordre v to put back in order
remplacer v to replace
une rencontre nf a meeting
rencontrer v to meet
rendre v to give back, to return (something)
renseigner v to give information
les renseignements nm pl information
rentrer v † to go home
un repas nm a meal
repérer v to spot, to find
répéter v to repeat
répondre v to reply
une réponse nf a reply
se reposer v † to rest
résister (+ à) v to resist
rester v † to stay
un resto nm a restaurant (short for un restaurant)
un résultat nm a result
en retard late
retourner v † to go back
retrouver v to meet
réussi/réussie adj successful
réussir à v to succeed at/in
un rêve nm a dream
de rêve adj ideal
se réveiller v † to wake up
revenir v † to come back
Au revoir! Goodbye!
rien nothing; see ne... rien
De rien! You're welcome!
rigolo/rigolote adj funny
rire v to laugh
une rivière nf a river
le riz nm rice
une robe nf a dress
un roller nm a roller skate
romain/romaine adj Roman
rose* adj pink
la roue nf wheel

cent cinquante-trois 153

Glossaire

    rouge* *adj* red
    rougir *v* to blush
    rouler *v* to move (*of a vehicle*)
la **route** *nf* road, route
    roux/rousse *adj* auburn, ginger (*used to describe hair*)
une **rue** *nf* a street, road
    russe* *adj* Russian
la **Russie** *nf* Russia

S

un **sac** *nm* a bag
un **sac à main** *nm* a handbag
    sain/saine *adj* healthy
je **sais** I know – *from* **savoir**
une **salle** *nf* a (large) room, hall
un **salon** *nm* a sitting room
    Salut! Hello!/Bye! (*to a friend*)
    samedi *nm* (on) Saturday
    sans without
    sauf except
    sauver *v* to save
    savoir *v* to know (*a fact*), to know how to
    seize sixteen
le **sel** *nm* salt
    selon according to
une **semaine** *nf* a week
la **semoule** *nf* semolina
je **sens** 1) I feel 2) I smell – *from* **sentir**
    sentir *v* 1) to feel 2) to smell
    sept seven
    septième* *adj* seventh
    septembre *nm* September
un **serpent** *nm* a snake
un/une **serveur/serveuse** *nm/nf* a waiter/waitress
une **serviette** *nf* a napkin, serviette
    servir *v* to serve
    seul/seule *adj* alone
    seulement only
un **short** *nm* (a pair of) shorts
    si if
    si yes (*in contradiction*)
    siffler *v* 1) to whistle 2) to hiss
    s'il te plaît please (*to a friend or relative*)
    s'il vous plaît please (*polite form, especially to a stranger*)
    six six
    sixième* *adj* sixth
un **slip** *nm* (a pair of) pants
j'ai **soif** I'm thirsty
le **soir** *nm* (in the) evening
une **soirée** *nf* 1) an evening 2) a party
    soixante sixty
    soixante-deux sixty-two
    soixante-dix seventy

    soixante-douze seventy-two
    soixante et onze seventy-one
    soixante et un sixty-one
le **soleil** *nm* sun, sunshine
il fait du **soleil** it's sunny
nous **sommes** we are – *from* **être**
    son/sa/ses his/her/its
un **sondage** *nm* a poll, survey
ils/elles **sont** they are – *from* **être**
une **sortie** *nf* 1) an exit 2) a trip out
    sortir *v* † to go out
une **soucoupe volante** *nf* a flying saucer
    souffler *v* to blow
à tes/vos **souhaits!** bless you!
    souligné/soulignée *adj* underlined
    sourire *v* to smile
un **sourire** *nm* a smile
une **souris** *nf* a mouse
un **souvenir** *nm* 1) a memory 2) a souvenir
    sportif/sportive *adj* sporty
un **sportif** *nm* a sportsman
une **sportive** *nf* a sportswoman
un **stade** *nm* a stadium
une **station** *nf* a station (*e.g. on the Métro*)
une **station spatiale** *nf* a space station
un **stylo** *nm* a pen
    su known *pp of* **savoir**
le **sucre** *nm* sugar
les **sucreries** *nf pl* sweet things
le **sud** *nm* south
la **Suède** *nf* Sweden
    suédois/suédoise *adj* Swedish
je **suis** I am – *from* **être**
la **Suisse** *nf* Switzerland
    suisse* *adj* Swiss
un **supermarché** *nm* a supermarket
    sûr/sûre (+ **de**) *adj* sure (about, of)
un **surnom** *nm* a nickname
    survécu survived *pp of* **survivre**
    survivre *v* to survive
un **sweat à capuche** *nm* a hooded top

T

un **tableau** (*pl* **des tableaux**) *nm* a picture
la **taille** *nf* size, height
    tard late
    te (to) you (*to a friend or well-known adult*)
    tel/telle/tels/telles que such as
un **téléchargement** *nm* a download
le **temps** *nm* time, weather
de **temps en temps** from time to time
le **temps libre** *nm* free time
    tenir *v* 1) to hold 2) to keep
    tenu held, kept *pp of* **tenir**

la **tenue** *nf* outfit
    terminer *v* to finish
la **Terre** *nf* Earth (= *planet*)
la **tête** *nf* head
le **thé** *nm* tea
le **thon** *nm* tuna
le **tir à l'arc** *nm* archery
    toi you (*after prepositions such as* **après**, **chez** *etc. or for emphasis*)
un **toit** *nm* a roof
    tomber *v* † to fall
    ton/ta/tes your (*to a friend or well-known adult*)
avoir **tort** to be wrong
    tôt early
faire le **tour de** to go round
une **tour** *nf* a tower
un **tournoi** *nm* a tournament
    tous les jours/matins every day/morning
    tout à coup suddenly
    tout de suite immediately
    tout droit straight on
    tout le monde everyone
une **traduction** *nf* a translation
    traduire *v* to translate
être en **train de** to be in the process of
une **tranche** *nf* a slice
le **travail** *nm* work
    travailler *v* to work
à **travers** across, through
    traverser *v* to cross
    treize thirteen
    trente thirty
    trente-deux thirty-two
    trente et un thirty-one
    très very
le **trésor** *nm* treasure
    trois three
    troisième* *adj* third
    trop too
un **trou** *nm* a hole, gap
une **trousse** *nf* a pencil case
    trouver *v* to find
    tu you (*to a friend or well-known adult*)
    tuer *v* to kill

U

    un a (+ *nm*)
    une a (+ *nf*)
    uni/unie *adj* plain (= *solid-coloured*)
    unique* *adj* only
    usé/usée *adj* worn (out)
    user *v* to wear out
    utiliser *v* to use

Glossary

V

il/elle/on **va** he/she goes; we/you go – *from* **aller**
les **vacances** *nf pl* holidays
les **vacances scolaires** *nf pl* school holidays
je **vais** I go – *from* **aller**
faire la **vaisselle** to do the washing-up
une **valise** *nf* a suitcase
tu **vas** you go – *from* **aller**
vécu lived *pp of* **vivre**
un **vélo** *nm* a bike
à **vélo** by bike
un **vendeur** *nm* a salesman
une **vendeuse** *nf* a saleswoman
vendre *v* to sell
vendredi *nm* (on) Friday
venir *v* † to come
le **vent** *nm* wind
il y a du **vent** it's windy
le **ventre** *nm* stomach
venu came *pp of* **venir**
le **verglas** *nm* (black) ice (*on road*)
vérifier *v* to check
vers towards; around (*time*)
verser *v* to pour
vert/verte *adj* green
une **veste** *nf* a jacket (*not* 'vest'!)
les **vêtements** *nm pl* clothes
ils/elles **veulent** they want – *from* **vouloir**
il/elle/on **veut** he/she wants; we/you want – *from* **vouloir**
je/tu **veux** I/you want – *from* **vouloir**
la **viande** *nf* meat
la **vie** *nf* life
ils/elles **viennent** they come – *from* **venir**
je/tu **viens** I/you come – *from* **venir**
il/elle/on **vient** he/she comes, we/you come – *from* **venir**
vieux/vieil/vieille/vieux/vieilles *adj* old
une **ville** *nf* a town, city
le **vin** *nm* wine
vingt twenty
vingt-deux twenty-two
vingt et un twenty-one
un **violon** *nm* a violin
vite* *adj* fast
vivant/vivante *adj* living
vivre *v* to live
voici here is/here are
voilà there is/there are
la **voile** *nf* sailing
voir *v* to see
un **voisin** *nm* a (*male*) neighbour
une **voisine** *nf* a (*female*) neighbour
une **voiture** *nf* a car

une **voix** *nf* a voice
le **vol** *nm* 1) flight 2) theft
voler *v* 1) to fly 2) to steal
un **voleur** *nm* a (*male*) thief
une **voleuse** *nf* a (*female*) thief
votre/vos your
je **voudrais** I would like – *from* **vouloir**
vouloir *v* to want
vous (to) you (*plural or polite*)
un **voyage** *nm* a journey
Bon **voyage!** Have a good trip!
voyager *v* to travel
vrai/vraie true
vraiment really
vu seen *pp of* **voir**
la **vue** *nf* view

Y

y there
y compris including
un **yaourt** *nm* a yoghurt
les **yeux** *nm pl* eyes – *see* **un œil**

Glossary

A

to be able to pouvoir *v*
about (= *approximately*) à peu près, environ; (*with clock times*) vers
after après
(in the) afternoon l'après-midi *nm*
(a week) ago il y a (une semaine)
almost presque
also aussi
always toujours
I am... je suis...
I am 14 years old j'ai quatorze ans
April avril *nm*
arm le bras *nm*
as comme
to ask demander *v*
to be asleep dormir *v*
at Robert's (house) chez Robert
athletics l'athlétisme *nm*
August août *nm*
autumn l'automne *nm*

B

bad mauvais/mauvaise *adj*
a bag un sac *nm*
a baker's (shop) une boulangerie *nf*
a bank une banque *nf*
to have a bath prendre *v* un bain
to be être *v*
beautiful beau/bel/belle/beaux/belles *adj*
because parce que
to go to bed se coucher *v* †
before avant
behind derrière
to believe croire *v*
the best le meilleur/la meilleure
between entre
big grand/grande *adj*
a bike un vélo *nm*
a birthday un anniversaire *nm*
black noir/noire *adj*
blonde blond/blonde *adj*
a blouse un chemisier *nm*
blue bleu/bleue *adj*
a boat un bateau *nm* (*pl* les bateaux)
body le corps *nm*
a book un livre *nm*
a bookshop une librairie *nf*
boring ennuyeux/ennuyeuse *adj*
a bottle une bouteille *nf*
a bowl un bol *nm*
bread le pain *nm*
to break casser *v*
breakfast le petit déjeuner *nm*
British britannique* *adj*
the British les Britanniques *nm pl*
broken cassé/cassée *adj*
brother le frère *nm*
brown brun/brune *adj*; (*of eyes*) marron* *adj*
to brush one's teeth se brosser les dents *v* †
a bus un (auto)bus *nm*
busy occupé/occupée *adj*
but mais
a butcher's (shop) une boucherie *nf*
butter le beurre *nm*
to buy acheter *v*

C

a cake un gâteau *nm* (*pl* les gâteaux)
I can (= *I am allowed to*) je peux – from pouvoir; (= *I know how to*) je sais – from savoir
a car une voiture *nf*
to go by car aller *v* en voiture
a car park un parking *nm*
a (TV) channel une chaîne *nf*
cheap bon marché* *adj*
a chemist's (shop) une pharmacie *nf*
chips les frites *nf pl*
Christmas Noël *nm*
Happy Christmas! Joyeux Noël!
a church une église *nf*
a cinema un cinéma *nm*
a city une grande ville *nf*
the city centre le centre-ville *nm*
close to près de
clothes les vêtements *nm pl*
a coach (*transport*) un car *nm*
a coat un manteau *nm* (*pl* les manteaux)
I'm cold j'ai froid
it's cold il fait froid
to come venir *v* †
a computer un ordinateur *nm*
a country un pays *nm*
in the country(side) à la campagne
cousin le cousin *nm* / la cousine *nf*
crisps les chips *nf pl*
to cross traverser *v*
to cry pleurer *v*
a cup une tasse *nf*
curly frisé/frisée *adj*
to go cycling faire *v* du vélo

D

daughter la fille *nf*
a day un jour *nm*, une journée *nf*
December décembre *nm*
to describe décrire *v*
a desk (*in office*) un bureau *nm*
despite malgré
a dictionary un dictionnaire *nm*
to have dinner dîner *v*
to discuss discuter *v*
diving la plongée *nf*
to download télécharger *v*
downstairs en bas
to draw dessiner *v*
a dress une robe *nf*
to get dressed s'habiller *v* †
a drink une boisson *nf*
to drink boire *v*

E

each chaque*
an ear une oreille *nf*
early de bonne heure
Happy Easter! Joyeuses Pâques!
to eat manger *v*
an egg un œuf *nm*
eight huit
eighteen dix-huit
eighty quatre-vingts
to enjoy oneself s'amuser *v* †
to enter entrer *v* †
even même
(in the) evening le soir *nm*
everybody/everyone tout le monde
everything tout
except sauf
Excuse me! Excusez-moi!, Pardon!
an exercise book un cahier *nm*
expensive cher/chère *adj*
to explain expliquer *v*
an eye un œil *nm* (*pl* les yeux)

F

face le visage *nm*
to fall asleep s'endormir *v* †
family la famille *nf*
a fan un/une fan *nm/nf*; (*sports*) un supporter *nm*
fashion(able) (à) la mode *nf*
a fast-food restaurant un fast-food *nm*
fat gros/grosse *adj*
father le père *nm*
favourite préféré/préférée *adj*
February février *nm*
fifteen quinze
fifty cinquante
I'm fine! Ça va!
a finger un doigt *nm*
to finish finir *v*, terminer *v*
the first le premier *nm* / la première *nf*
at first d'abord
fish le poisson *nm*
a fish shop une poissonnerie *nf*

cent cinquante-six

Glossary

fit en forme
five cinq
food la nourriture *nf*
a **foot** un pied *nm*
to go on **foot** aller *v* à pied
football le foot(ball) *nm*
for pour; (*time past*) pendant; (*future time*) pour
forbidden interdit/interdite *adj*
to **forget** oublier *v*
a **fork** une fourchette *nf*
a **fortnight** une quinzaine *nf*; quinze jours
forty quarante
four quatre
fourteen quatorze
France la France *nf*
free (*without cost*) gratuit/gratuite *adj*; (*liberated*) libre* *adj*
French français/française *adj*
the **French** les Français *nm pl*
in **French** en français
a **Frenchman** un Français *nm*
a **Frenchwoman** une Française *nf*
(on) **Friday** vendredi *nm*
a **friend** (*male*) un ami, un copain *nm*; (*female*) une amie, une copine *nf*
friendly amical/amicale *adj*
friendship l'amitié *nf*
fruit les fruits *nm pl*
full (of) plein/pleine *adj* (de)
to have **fun** s'amuser *v* †

G

a **garden** un jardin *nm*
generally en général
to **get** (= *to receive*) recevoir *v*
to **get dressed** s'habiller *v* †
to **get off** descendre *v* † (de)
to **get on to** monter *v* † (dans)
to **get on with** s'entendre avec *v* †
to **get up** se lever *v* †
ginger (-haired) roux/rousse *adj*
to **give** donner *v*; (*as a present*) offrir *v*
a **glass** un verre *nm*
glasses les lunettes *nf pl*
to **go** aller *v* †
to **go down** descendre *v* †
to **go for a walk** se promener *v* †
to **go home** rentrer *v* †
to **go in** entrer *v* †
to **go out** sortir *v* †
to **go to bed** se coucher *v* †
to **go to sleep** s'endormir *v* †
to **go up** monter *v* †
to **go up to the top (of the tower)** monter *v* † au sommet (de la tour)
good bon/bonne *adj*

Goodbye! Au revoir!; Salut!
grandchildren les petits-enfants *nm pl*
grandfather le grand-père *nm*
grandmother la grand-mère *nf*
grandparents les grands-parents *nm pl*
It's **great!** C'est genial! C'est super!
Great Britain la Grande-Bretagne *nf*
green vert/verte *adj*
grey gris/grise *adj*
a **grocer's (shop)** une épicerie *nf*
to **guess** deviner *v*

H

hair les cheveux *nm pl*
a **hairdresser's** un salon de coiffure *nm*
a **half-hour** une demi-heure *nf*
ham le jambon *nm*
hand la main *nf*
handsome beau/bel/belle/beaux/belles *adj*
happy heureux(euse), content(e) *adj*
Happy birthday! Bon anniversaire!
hard dur/dure *adj*, difficile* *adj*
a **hat** un chapeau *nm* (*pl* les chapeaux)
to **hate** détester *v*
to **have** avoir *v*
to **have to** devoir *v*
he il
a **head teacher** un(e) directeur(trice) *nm/nf*
to have a **headache** avoir *v* mal à la tête
healthy sain/saine *adj*
Hello! Bonjour!; (*in the evening*) Bonsoir!; (*to a friend any time*) Salut!; (*on the telephone*) Allô!
her (= *object of sentence*) la; (= *belonging to*) son/sa/ses
to **her** lui
here is/here are... voici...
to **hide** cacher *v*
him le (**to him** = lui)
his son/sa/ses
history l'histoire *nf*
to **hit** frapper *v*
hobbies les passe-temps *nm pl*
holidays les vacances *nf pl*
on **holiday** en vacances
at **home** à la maison; chez moi, toi, lui...
homework les devoirs *nm pl*
to **hope** espérer *v*
a **hospital** un hôpital *nm*
I'm **hot** j'ai chaud
it's **hot** il fait chaud
a **house** une maison *nf*
How do you pronounce it? Ça se prononce comment?

How do you write/spell it? Ça s'écrit comment?
How much is it? Ça fait combien?
How old are you? Tu as quel âge?/ Vous avez quel âge?
a **hundred** cent
I'm **hungry** j'ai faim
in a **hurry** pressé/pressée *adj*

I

I je
an **ice cream** une glace *nf*
ill malade* *adj*
immediately tout de suite
in (*e.g. a bag*) dans
in France en France
in January... en janvier...
in the country à la campagne
in the suburbs en banlieue
in town en ville
an **inhabitant** un(e) habitant(e) *nm/nf*
interesting intéressant(e) *adj*
Internet l'Internet *nm*
Is there...? Il y a...?
it (*nm*) il; (*nf*) elle
its son/sa/ses

J

January janvier *nm*
(a pair of) **jeans** un jean *nm*
jewellery les bijoux *nm pl*
a **job** un boulot *nm*
to go **jogging** faire *v* du footing/jogging *nm*
a **journey** un voyage *nm*
July juillet *nm*
June juin *nm*

K

a **knee** un genou *nm* (*pl* les genoux)
a **knife** un couteau *nm* (*pl* les couteaux)
to **know** (*a person, place*) connaître *v*; (*a fact*) savoir *v*

L

a **language** une langue *nf*
a **laptop** un ordinateur portable *nm*
last dernier/dernière *adj*
last week la semaine dernière
to be **late** être *v* en retard
to **laugh** rire *v*
to **learn** apprendre *v*
at **least** du moins; (*numbers*) au moins
to **leave** partir *v* †; (*a place, person, job*) quitter *v*

cent cinquante-sept 157

Glossary

to/on the **left** à gauche
leg la jambe *nf*
a **lesson** un cours *nm*, une leçon *nf*
a **library** une bibliothèque *nf*
life la vie *nf*
to **like** aimer *v*
I **like him** je l'aime bien
I **like it** je l'aime, ça me plaît
I don't **like...** je déteste...
I would **like...** je voudrais...
to **listen to** écouter *v*
to **live** vivre *v*, (*in a place*) habiter *v*
I **live (in London)** j'habite (à Londres)
long long/longue *adj*
to **look** regarder *v*
to **lose** perdre *v*
lots of beaucoup de
love l'amour *nm*
to **love** aimer *v*, adorer *v*
I **love...** j'adore...
loyal fidèle* *adj*
luggage les bagages *nm pl*
lunch le déjeuner *nm*
to have **lunch** déjeuner *v*

M

to **make** faire *v*
make-up le maquillage *nm*
March mars *nm*
a **market** un marché *nm*
It doesn't **matter!** Ça ne fait rien!
May mai *nm*
(to) **me** me
a **meal** un repas *nm*
meat la viande *nf*
to **meet** rencontrer *v*; se retrouver *v* †
a **memory** un souvenir *nm*
at **midday** à midi
at **midnight** à minuit
milk le lait *nm*
I don't **mind!** Cela m'est égal!
a **mobile (telephone)** un portable *nm*
(on) **Monday** lundi *nm*
money l'argent *nm*
a **month** un mois *nm*
for **months** pendant quelques mois
more (than) plus que
in the **morning** le matin *nm*
mother la mère *nf*
a **motorbike** une moto(cyclette) *nf*
a **mouth** une bouche *nf*
an **MP3 player** un baladeur MP3 *nm*
a **museum** un musée *nm*
music la musique *nf*
a **musician** un(e) musicien(ne) *nm/nf*
I **must** je dois

my **my** mon/ma/mes
at **my house** chez moi

N

I **need...** J'ai besoin de...
neighbourhood le quartier *nm*
never ne... jamais
new nouveau/nouvel/nouvelle/ nouveaux/nouvelles *adj*
a **newspaper** un journal *nm* (*pl* les journaux)
next to à côté du/de la/des
nice gentil/gentille *adj*, sympa* *adj*
night la nuit *nf*
nine neuf
nineteen dix-neuf
nose le nez *nm*
not ne... pas
to **notice** remarquer *v*
November novembre *nm*
a **number** (*quantity*) un nombre *nm*; (*digit*) un chiffre *nm*; (*telephone*) un numéro *nm*

O

It's seven **o'clock** Il est sept heures
October octobre *nm*
of course bien sûr
an **office** un bureau *nm*
often souvent
OK! D'accord!
old vieux/vieil/vieille/vieux/vieilles *adj*
on sur
only seulement
open ouvert/ouverte *adj*
in your **opinion** à ton/votre avis
opposite en face du/de la/des
an **orange** une orange *nf*
orange orange* *adj*
in **order to** pour (+ *infinitive*)
our notre/nos

P

my **parents** mes parents *nm pl*
a **park** un parc *nm*, un jardin public *nm*
a **party** une fête *nf*, une boum *nf*
to **pay** payer *v*
a **pen** un stylo *nm*
a **pencil** un crayon *nm*
a **pencil case** une trousse *nf*
people les gens *nm pl*
pink rose* *adj*
a **plate** une assiette *nf*
to **play** (*sport*) jouer *v* au/à la/aux
to **play** (*musical instrument*) jouer *v* du/de la

Please! (*to a friend or relative*) S'il te plaît!; (*to more than one person, or to someone you don't know well*) S'il vous plaît!
a **police station** un poste de police *nm*
polite poli/polie *adj*
a **post office** une poste *nf*
a **present** un cadeau *nm* (*pl* les cadeaux)
a (TV) **programme** une émission *nf*
a **pupil** un élève *nm* / une élève *nf*
to **put** mettre *v*

Q

a **quarter of an hour** un quart d'heure *nm*
It's a **quarter past seven** Il est sept heures et quart
It's a **quarter to seven** Il est sept heures moins le quart
quick vite* *adj*
quiet calme* *adj*; tranquille* *adj*
quite assez

R

a **railway station** une gare *nf*
it's **raining** il pleut
really vraiment
to **receive** recevoir *v*
to **read** lire *v*
red rouge* *adj*
to **refuse** refuser *v*
to **reply** répondre *v*
to **rest** se reposer *v* †
she's **right** elle a raison
to/on the **right** à droite
a **room** une pièce *nf*
It's **rubbish!** C'est nul!
to **run** courir *v*

S

sad triste* *adj*
to go **sailing** faire *v* de la voile
(on) **Saturday** samedi *nm*
to **say** dire *v*
See you later! À tout à l'heure!
See you soon! À bientôt!
to **sell** vendre *v*
to **send** envoyer *v*
September septembre *nm*
seven sept
seventeen dix-sept
several plusieurs* *adj*

158 cent cinquante-huit

Glossary

(That's a) **shame!** Dommage!
a **shirt** une chemise nf
a **shoe** une chaussure nf
a **shop** un magasin nm; (small) une boutique nf
to go **shopping** faire v du shopping
short court/courte adj
(a pair of) **shorts** un short nm
to have a **shower** se doucher v †
to **sing** chanter v
sister la sœur nf
six six
sixteen seize
sixty soixante
size la taille nf; (shoe) la pointure nf
to go **skateboarding** faire v du skate
a **skirt** une jupe nf
slim mince* adj
slow lent/lente adj
small petit/petite adj
to **smile** sourire v
it's **snowing** il neige
so si
a **sock** une chaussette nf
a **song** une chanson nf
some du/de la/des
someone quelqu'un
something quelque chose
sometimes quelquefois
son le fils nm
soon bientôt
sorry désolé/désolée adj
to **speak** parler v
to **spend** (money) dépenser v; (time) passer v
a **spoon** une cuiller nf
a **sportsman / sportswoman** un sportif nm / une sportive nf
spring (season) le printemps nm
to **stay** rester v †
stomach le ventre nm
to have a **stomach ache** avoir v mal au ventre
a **story** une histoire nf
straight on (tout) droit
a **street** une rue nf
to **study** étudier v
my **stuff** (things) mes affaires nf pl
suburbs la banlieue nf
in the **suburbs** en banlieue
suddenly tout à coup
summer l'été nm
the **sun** le soleil nm
(on) **Sunday** dimanche nm
a **supermarket** un supermarché nm
to go **surfing** faire v du surf
sweet doux/douce adj
to go **swimming** aller v à la piscine
a **swimming pool** une piscine nf

T

to **take** prendre v
tall grand/grande adj
a **teacher** un professeur nm
a **team** une équipe nf
teeth les dents nm pl
to **telephone** téléphoner à v
a **television programme** une émission nf
to **tell** dire v; (a story) raconter v
ten dix
Thank you! Merci!
the (nm) le; (nf) la; (pl) les
their leur/leurs
them les
to **them** leur
there y – e.g. j'y suis allé (= I went there); (= over there) là
there is/are... il y a...
there isn't/aren't any... il n'y a pas de...
they (nm) ils; (nf) elles
thin (skinny) maigre* adj; (slender) mince* adj
a **thing** une chose nf
I'm **thirsty** j'ai soif
thirteen treize
thirty trente
this (nm) ce/cet; (nf) cette; (pl) ces
thousand mille
three trois
throat la gorge nf
to **throw** jeter v
(on) **Thursday** jeudi nm
a **ticket** un billet nm
What **time is it?** Quelle heure est-il?
today aujourd'hui
tomorrow demain
too (much) trop
towards vers
a **town centre** un centre-ville nm
in **town** en ville
to go by **train** prendre v le train
to **train** s'entraîner v †
trainers les baskets nf pl
to **travel** voyager v
(a pair of) **trousers** un pantalon nm
to **try** essayer v
(on) **Tuesday** mardi nm
twelve douze
twenty vingt
two deux

U

ugly laid/laide adj, moche* adj
to take the **Underground** prendre v le métro
to **understand** comprendre v
unfortunately malheureusement
upstairs à l'étage, en haut
(to) **us** nous
usually d'habitude

V

vegetables les légumes nm pl
very très
a **video game** un jeu vidéo nm (pl les jeux vidéo)
voice la voix nf

W

to **wait** attendre v
to **wake up** se réveiller v †
to **want** vouloir v; avoir v envie de
to get **washed** se laver v †
to **watch** regarder v
water l'eau nf
we nous
What's the **weather like?** Quel temps fait-il?
(on) **Wednesday** mercredi nm
week une semaine nf
this **weekend** ce week-end nm
at **weekends** le week-end
to do **weight training** faire v de la musculation
well bien
What did you do? Qu'est-ce que tu as fait? / Qu'est-ce que vous avez fait?
What's that? Qu'est-ce que c'est que ça?
when? quand?
where? où
Where do you live? Tu habites où? / Vous habitez où?
which? quel/quelle/quels/quelles?
white blanc/blanche adj
to **win** gagner v
winter l'hiver nm
with avec
without sans
to **work** travailler v
the **world** le monde nm
to **write** écrire v
you're **wrong** tu as tort / vous avez tort

Y

a **year** un an nm, une année nf
yellow jaune* adj
yesterday hier
you (to a friend or a relative) tu; (to a stranger or an adult) vous
young jeune* adj
your ton/ta/tes; votre/vos

cent cinquante-neuf